Inhaltsübersicht

Inhaltsverzeichnis

Um was es geht: Lust statt Frust

Auf der Suche nach Spitzenleistungen im Verkauf! 50 % aller Umsätze werden in der Regel von 5 % der Verkäufer gemacht, weitere 30 % aller Umsätze von den folgenden 15 %, und die restlichen 80 % der Verkäufer teilen sich das letzte Fünftel der Umsätze. Die Kluft zwischen Erfolgreichen und weniger Erfolgreichen ist riesengroß. Die von dem italienischen Vilfredo Pareto vor über 100 Jahren für die italienischen Einkommen erkannte Verteilung - die 20 % der Erfolgreichen bringen 80 % der Leistung - gilt nirgends so extrem wie im Verkauf.

Dieses sog. Pareto-Modell außer Kraft zu setzen scheint dem Neuro-Linguistischen Programmieren (NLP) zu gelingen. Voraus eilt diesem aus dem psychologischen Bereich kommenden Kommunikationsmodell ein besonderer Ruf: Wunderwaffe, Weichmacher oder auch Turbolader für Ihre persönliche Verkaufstechnik!

Der Unterschied zwischen den 5 % der Verkäufer, die 50 % der Leistung erbringen, und allen anderen liegt darin, daß Könner beide Gehirnhälften voll eingeschaltet haben, den Verkauf als Spaß an der besten Lösung und nicht als Kundenjagd erleben und sich entspannt im Besitz ihrer Kräfte dem Dienst am Kunden verschreiben! Damit geht es mir um

- das Wissen: Wie unser Gehirn funktioniert, wie wir unsere Stärken stärken, wie wir diese Energie halten können und auf den Kunden übertragen;

- das Können: Welche der Erkenntnisse beherrschen Sie heute schon, wenn auch unbewußt, wie können Sie sich dieser Fähigkeiten häufiger bewußt werden und sie gezielt im Verkaufsprozeß einsetzen;

- das Wollen: Welche der Erkenntnisse scheinen Ihnen so wichtig, daß Sie Ihr Können erweitern wollen und es auch bei Kunden einsetzen, bei denen Sie bisher nicht erfolgreich waren?

Wie Sie dieses Buch lesen: mit Lust statt Frust! Mein Ziel, möglichst viele Leser zu einer Entdeckungsreise ihrer eigenen Fähigkeiten einzuladen, wenn Sie Lust haben, auch etwas auszuprobieren und damit Erfolg haben! Noch schöner, wenn es Ihnen gelingt, die Kunden, die wichtig, aber schwierig sind, aus der Versenkung wieder herauszuholen und ihnen mit Lust statt Frust bei ihren Problemlösungen helfen.

Wie ein guter Wein reifte auch dieses NLP-Verkaufsmodell über 10 Jahre in meinen Verkäuferseminaren. Viele standen Pate: Richard Bandler, John Grinder, Robert Dilts, Maryann und Ed Reese verdanke ich ungeahnte Einsichten und Ausblicke auf dem Weg zum Verkauf mit Lust statt Frust. Robert Klimke hat mich selbstlos und unermüdlich bei der endgültigen Fassung mit textlichen Anregungen und Ideen unterstützt. Ralf Thummerer und Georg Schober danke ich, daß sie bis zuletzt mit Sorgfalt und in guter Stimmung die x-te Änderung an Graphik und Druck verarbeitet haben.

Die 3 As im Verkauf

Was ich Ihnen in meinem 3-A-Modell Auftritt, Anbahnung, Abschluß anbieten möchte, ist:

- wie ich als Verkäufer mein eigenes Energieniveau steuere und mich auf meine bisher anspruchsvollen Kunden freue, und

- wie ich zielorientiert die Kunden da abhole, wo sie sich im Augenblick befinden, mit ihnen ihren Bedarf ermittele, sie zu Jägern statt zur Beute mache, und

- wie Sie schrittweise entdecken können, welche Fähigkeiten von Spitzenkönnern im Verkauf Sie heute schon beherrschen und wie Sie diese Fähigkeiten gezielt häufiger einsetzen können.

Erste Phase: Der Auftritt

Ich bin der Ansicht, daß der Auftritt erst dann stattfinden kann, wenn der Verkäufer sich so vorbereitet hat, daß der Kunde sich auf Ihr "Erscheinen" auf seiner "Lebensbühne" freut! Wie kann er sich freuen, wenn Sie mit gebücktem Buckel untertänig an der Tür warten? Drei Chancen liegen in der guten Vorbereitung: Die drei Is im Verkauf bestehen aus den Bausteinen:

- Information: Die Chance, richtig informiert zu sein. Verkaufstalent ist lernbar! Es besteht aus den richtigen Informationen über den Kunden, das Produkt und ... über mich selbst, den Verkäufer.

- Identifikation: Die Chance, richtig zu wirken. Welche Rolle wählen Sie für Ihren Auftritt aus: was soll der Kunde von Ihnen denken? Sind Sie eben nur ein weiterer Verkäufer, Pharmaberater, Hi-Tech-Berater, oder sind Sie *der Problemlöser* des Kunden?

- Initiative: Die Chance, richtig zu planen: Es gibt zwei Sünden, die nach der Lektüre dieses Buches hinter Ihnen liegen: Vom Superdeal zu träumen, ohne zu handeln, und zu handeln ohne echte Verkaufsziele!

Zweite Phase: die Anbahnung

Mit dem klaren Ziel vor Augen beginnt der Aufbau einer Kundenbeziehung und das lange vor dem Austausch der ersten Worte. Wieder gibt es drei Chancen, wenn man einen guten Draht zum Kunden herstellt!

Erst wenn der Kunde sich in Ihrer Anwesenheit richtig wohl fühlt, wenn er seine Sorgen, seine Wünsche äußern kann, wenn er sich angenommen fühlt, wird er auch bereit sein, mit Ihnen als Partner über seine Wünsche zu sprechen, welchen Nutzen er benötigt und wie er diesen Bedarf am besten deckt. Die 3 K's gilt es umzusetzen:

- Kontakt: Die Chance, sich richtig auf jeden (und zwar wirklich jeden) Kunden einzustimmen. In der Kontaktphase geht es uns darum Ihnen Methoden aufzuzeigen, die Ihnen ein gutes Gefühl geben, wenn Sie einen Draht zum Kunden aufbauen und eine vertrauensvolle Beziehung zum Kunden herstellen.

- Kaufprozeß: Die Chance, richtig zuzuhören und zu fragen. Hier beginnt der eigentliche Kaufprozeß, nämlich mit der Wunschbestimmung. Was will der Käufer wirklich, kann er das, was ihm im Augenblick den größten Nutzen bietet, von mir als Verkäufer bekommen? Was steckt eigentlich wirklich hinter bestimmten Äußerungen des Kunden?

- Kaufinteresse: Die Chance, richtig anzubieten, wird das Kaufinteresse so befriedigen, daß der Kunde den Nutzen mit allen 5 Sinnen versteht und nur von mir befriedigt erleben will.

Dritte Phase: Abschluß

Insgeheim wünscht sich jeder Verkäufer, daß der Kunde ja sagt! Wer leicht ja sagt, wird auch ja sagen bei der Konkurrenz, und das Storno folgt auf dem Fuße. Erst die Einwände stellen sicher, daß der Verkäufer auch die geheimsten Wünsche, die der Kunde vielleicht selbst noch gar nicht formulieren kann, erkennt und darauf eingeht. Er weiß gut Bescheid über die Nutzenvorteile der Konkurrenz, kennt die Einwände des Kunden in bezug auf Konkurrenzangebote und weiß auch, wann er dem Kunden zur Konkurrenz raten muß!

Den Abschluß sichern - auch für die Zukunft - kennzeichnen die drei Chancen dieser dritten Phase. Die drei Es leisten Hilfestellung:

- Einwände: Die Chance, Kundenwünsche immer gezielter kennenzulernen, liegt im genauen Eingehen auf die Einwände des Kunden! Warum wendet sich der Kunde von einem Angebot ab? Welchem Angebot wendet er sich dann zu? Was steckt hinter den Einwänden des Kunden?

- Einwilligung: Die Chance, diesen Kunden so zum Abschluß zu führen, daß er einwilligt und den Vertrag unterzeichnet. Was bedeutet es, zwei Gewinner im Verkauf zu haben, nämlich den Kunden und den Verkäufer, und wie komme ich dahin?

- Ergebnis: Die Chance, diesen Kunden als Stammkunden mit all seinen Kontakten und Referenzen zu gewinnen. Hier liegt die Chance, die Zukunft zu sichern und das

Ergebnis zu wiederholen. Wie nutze ich die Stimmung beim letzten Verkaufsgespräch für mein nächstes Gespräch beim Kunden? Was kann ich in Zukunft noch für meinen Kunden tun?

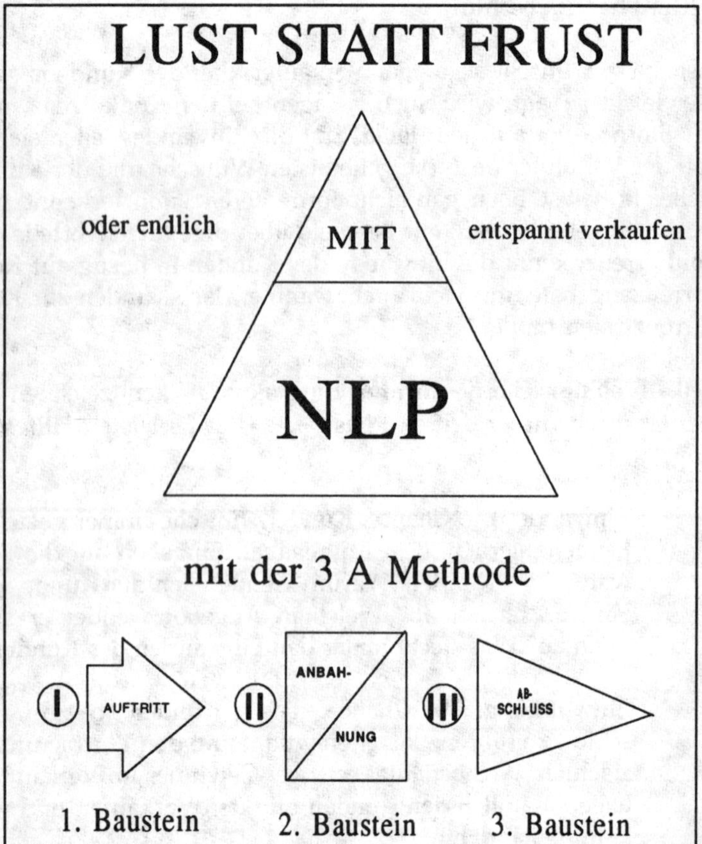

Abb. 1 *Das 3 - A - Modell auf einen Blick*

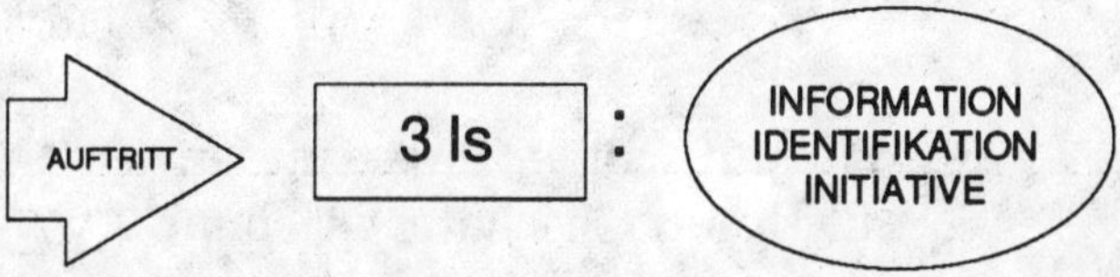

BAUSTEINE	UM WAS GEHT ES	METHODEN
INFORMATION	EIGENE TALENTE KENNENLERNEN	DIE CHANCE: RICHTIG SENDEN!
IDENTIFI-KATION	DIE STIMMUNG MUSS STIMMEN	DIE CHANCE: RICHTIG WIRKEN!
INITIATIVE	ZIELE UND MASS-NAHMEN FÜR DIE BEVORZUGTE ZIEL-GRUPPE PLANEN UND DURCHSETZEN	DIE CHANCE: RICHTIG PLANEN!

Dr. Barbara Schott: LUST STATT FRUST
Junfermann Verlag, Paderborn 1992

Abb. 2 *Sich selbst kennen, sich selbst managen, sich selbst führen bezeichnet den ersten Baustein "Auftritt".*

FRAGE:

Warum wollen Ihre Kunden mit Ihnen Geschäfte machen?

Erinnern Sie sich an Kunden, die sich auf Sie freuen. Was sagen diese Kunden zu Ihnen?
Bitte kreuzen Sie das an, was Ihnen am meisten entspricht:

- ○ Sie sind fachlich kompetent.
- ○ Sie sind immer so gut gelaunt.
- ○ Sie sind eine Persönlichkeit.

Ihre Erfahrung:

____

____

____

____

Lust statt Frust

Was haben sie angekreuzt? "Am erfolgreichsten bin ich, wenn ich gar nichts verkaufen will. Bei mir ist der Kunde der Aktive! Er überzeugt mich von seinem Kaufwunsch! Besonders erfolgreich bin ich, wenn ich nicht gierig bin! Wenn ich den Kunden zur Beute mache, schlage ich ihn in die Flucht, und die Flucht des Kunden gelingt immer!" Geht es Ihnen wie jenem begabten Verkäufer, der seine Erfolge so beschrieb? Warum wollen denn Ihre Kunden bei Ihnen kaufen... und nicht bei der Konkurrenz?

Wenigstens zwei Eigenschaften nennen die meisten Verkäufer bei dieser Frage: Kompetenz und Persönlichkeit und ... die fachliche Kompetenz, wobei letztere meistens zuletzt genannt wird. Was als erstes genannt wird, ist "Er muß eine gute Ausstrahlung haben", "Er muß angenehm im Umgang sein", "Ich muß mich bei ihm wohlfühlen", "Er muß ein angenehmes Wesen haben!" Oder, kurz ausgedrückt: es ist eine Lust, mit ihm zusammenzusein und ihm zuzuhören und mit ihm die Probleme zu diskutieren.

Wie war es bei mir: Als ich meine Arbeit im Versicherungsaußendienst begann, ging es mir ähnlich wie vielen meiner Kunden: auf manche freute ich mich, legte mir die Termine auf den Morgen, damit ich danach mit einem Erfolgserlebnis zu den sogenannten "schwierigeren" Kunden gehen konnte. Ich war nicht nur gut vorbereitet, sondern hatte mir auch etwas Besonderes für meine "erfreulichen" Kunden ausgedacht! Bei den übrigen handelte ich eher nach Schema F, spulte mein Verkaufsgespräch ab und hatte entsprechend weniger Resonanz! Das wurde erst anders, als ich das Neuro-Linguistische Programmieren kennenlernte und anhand vieler Erlebnisse, wie erfolgreiche Verkäufer sich nicht nur selbst auf ihre Kunden freuen, sondern diese Freude auch als "positive Stimmung" auf den Kunden übertragen. Sie hatten intuitiv entdeckt, wie sie sich so auf jeden Kunden freuen können, daß diese Freude im Gespräch, wie der berühmte Funke, überspringt.

Viele gute Verkäufer hatten immer wieder berichtet, daß der Erfolg "folgte", wenn sie selber voller Energie und Lust an das Verkaufsgespräch herangingen. Selbst wenn - so meine Erfahrung - ein Kunde ausdrücklich keinen Bedarf hatte, bekam ich später noch weitere Referenzen. Mit der Zeit konnte ich diese Erfahrungen immer mehr optimieren.

Selbstverständlich hatte ich schon gehört, daß sich das Kundengespräch auf zwei Ebenen gleichzeitig bewegt: sowohl auf der

- sachlichen Ebene, und hier entscheidet der technische und wirtschaftliche Nutzen und die Fähigkeit, den Kunden kompetent über den Nutzen aufklären und beraten zu können, und

- auf der Gefühlsebene. Der Kunde muß Lust haben, von mir als Verkäufer Informationen aufzunehmen und seinen Bedarf bei mir zu decken. Anders als eine Werbebotschaft im Fernsehen, im Radio oder auf Plakatwänden, die der Kunde auswählen, an sich vorüberziehen oder sich merken kann, hat der Verkäufer die Chance, die Informationen, die den Kunden interessieren, aus seinem Repertoire auszuwählen und sie ihm so anschaulich und individuell auf ihn zugeschnitten zu vermitteln, daß er sie auch noch gern aufnimmt. Kurz: Der Kunde versteht meinen Nutzen und will ihn auch. Die Verteilung dieser zwei Kundenbedürfnisse ist nicht 50:50, sondern eher 20:80!

Das sog. Eisbergmodell hilft uns den Kaufprozeß zu verstehen:

Der größte Teil des Eisberges (ca. 80%) befindet sich nicht sichtbar unter Wasser und symbolisiert sozusagen unser verkäuferisches Unterbewußtsein. Die sichtbaren 20% eines Eisberges stehen für unsere bewußten Entscheidungen (siehe Grafik). Diese Erkenntnis ist wichtig für den richtigen (nämlich mit Freude verbundenen)

Umgang mit dem Kunden! Denn, frei nach Bertolt Brecht: kein Mensch, dem seine Sache keinen Spaß macht, darf erwarten, daß sie irgendsonst jemandem dann Spaß macht.

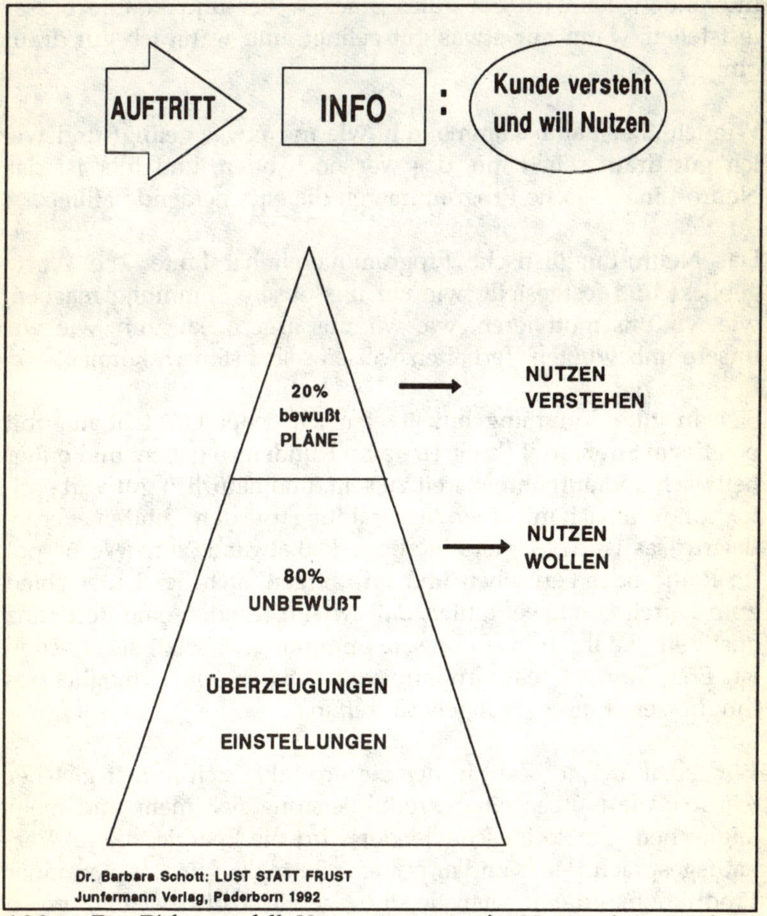

Abb. 3 *Das Eisbergmodell: Voraussetzungen für Nutzenakzeptanz beim Kunden*

Wie bleibe ich in Form, gut drauf, wenn's schiefgeht? Auf meinem Weg durch die verschiedenen Methoden, sei es nun Murphy, Dale Carnegie, die Transaktionsanalyse und die Themenzentrierte Interaktion, kam ich ein gutes Stück weiter und konnte besser feststellen, wann mir etwas gut gelingt, und wann ich gut drauf bin!

Wie ich aber dahin komme, d.h. wie mir etwas gelingt und wie ich gut drauf sein kann, das war noch offen, und hier ist das Neuro-Linguistische Programmieren die entscheidende Hilfe!

Das Neuro-Linguistische Programmieren hat hinter die Worte geblickt und festgestellt, wie wir uns unsere Stimmung machen, wie wir uns motivieren, wie wir uns ärgern, kurzum, wie wir unsere unbewußten Verhaltensweisen selbst steuern können!

Sich in gute Stimmung hineinversetzen bedeutet, nicht nur mit positivem Streß - mit Eu-Streß - zum Kunden zu gehen, und daher hellwach und aufnahmebereit zu sein, und natürlich gut vorbereitet, sondern auch mit einer Ausstrahlung, die den Kunden energetisiert. Das ist der Unterschied zur Plakatwand, zum Werbespot im Radio oder Fernsehen und im übrigen auch der Unterschied zum Durchschnittsverkäufer, daß wir im Kunden eine Resonanz auslösen, die ihn in noch bessere Stimmung versetzt, als er schon ist. Erst dann ist sein Großhirn voll aktiviert und ermöglicht es ihm bessere Entscheidungen zu treffen.

Wir leben in einer Zeit, in der die Produkte sich immer gleicher werden, die Nutzen einer Produktleistung sich mehr und mehr angleichen. Um so entscheidender wird die Energie, die im Verkaufsgespräch den Kunden erreicht. Je mehr wir uns von einer Produktions- in eine Dienstleistungsgesellschaft bewegen, um so entscheidender wird das, was der Kunde vor Ort an Service bemerkt, und das ist neben der Erfüllung seiner Wünsche die Art, wie, d. h. wie energievoll ihm seine Wünsche erfüllt werden! Über den Produktnutzen hinaus, über den Zusatznutzen, den jeder andere Verkäufer theoretisch auch bieten kann, hinaus biete ich mich als Verkäufer an.

Dieses Buch soll Ihnen helfen, den eigenen Energiehaushalt in jeder Situation so steuern zu können, daß jedes Gespräch für den Kunden belebend, aufbauend, stimulierend wird! Was Sie dann noch an Nutzen bieten in bezug auf Funktion und technische Leistung, wird getragen von der Energiebasis! Selbstverständlich möchte ich nicht dem Verkäufer á la Sigi Sonnenschein, der nur guter Laune ist, das Wort reden, nur hat die Erfahrung im Servicebereich ergeben, daß Verkäufer, die relativ wenig Ahnung z.B. vom Produkt haben, aber gute Laune ausstrahlen, es weiterbringen und mehr Erfolg haben, als die technisch kompetenten Verkäufer, die ihren Kunden sogar maßregeln, wenn er nicht gleich so will wie sie! Lust statt Frust, ab jetzt für Sie eine Fähigkeit, die sich lernen läßt, wenn Sie es wollen! Sich selbst in Stimmung bringen ist angesagt!

Fazit:

Erinnern Sie sich noch an unsere Frage?

Meine Antwort jetzt:

Meine persönlichen Erkenntnisse:

Wann und bei welchem Kunden wende ich das an?

Name des Kunden:

Datum:

FRAGE:

Was denkt Ihr Kunde beim "ersten Mal" von Ihnen?

Bitte kreuzen Sie das an, was Ihnen am meisten entspricht:

- ○ Weiß ich nicht.
- ○ Ist mir egal.
- ○ Ich bin eigentlich immer sofort beliebt.

Ihre Erfahrung:

____

____

____

____

Die 7 mal 7 mal 7 Chance

Es dauert nur 7 Sekunden

Manchmal wissen wir im ersten Augenblick einer Begegnung, daß wir gut ankommen, oder aber auch, daß wir sozusagen durchgefallen sind! Unser Gehirn wählt blitzschnell aus, welche Informationen es zur ersten Orientierung braucht: in 7 Sekunden entsteht in der Regel der erste Eindruck von mir als Verkäufer!

Diese Art, sich sehr schnell in einer neuen Situation zu orientieren, hat uns wahrscheinlich schon in grauer Vorzeit gute Dienste geleistet. So konnte sich unser Gehirn auf das wichtigste Problem ausschließlich konzentrieren und alle unsere Vitalkräfte für Flucht und Angriff aktivieren.

Das bedeutet im Klartext: Wir können nicht "Nicht Wirken", wir wirken eben immer, aber 7 Sekunden lang ist alles offen! 7 Sekunden lang können wir das, was der Partner von uns erfahren soll, auch mitbestimmen! Mich darauf zu verlassen, daß mein Gegenüber auch das in 7 Sekunden wahrnimmt, was wirklich meine Persönlichkeit und meine Identität als Verkäufer ausmacht, hieße, ihn zum Hellseher zu machen und mich auf den Zufall zu verlassen! Aber was ist zu tun, um genau diejenigen Signale auszusenden, von denen ich möchte, daß mein Kunde sie empfängt?

Nur 7 Informationen sind wichtig!

Wir können zu jeder Zeit nur einen kleinen Teil dessen, was um uns geschieht, bewußt wahrnehmen. Selbst jetzt, wenn Sie diesen Satz lesen, nehmen Sie möglicherweise Geräusche um sich herum wahr, oder sehen die Buchstabentypen, oder die Breite des Randes oder spüren Ihren linken oder rechten Fuß, und vielleicht nehmen Sie aber auch etwas ganz anderes wahr. Wahrscheinlich verlagerten Sie, als Sie diese Möglichkeiten lasen, Ihre bewußte Wahrnehmung auf das, was von mir gerade angesprochen wurde. Es ist höchst unwahrscheinlich, daß Sie alle oder auch nur einige Fakten, auf die ich Sie hingelenkt habe, bewußt wahrgenommen haben.

Abschaltmechanismen verhindern eine solche Reizüberflutung. Die Frage ist jetzt, wieviel Informationen gleichzeitig bewußt wahrgenommen werden können. Die moderne Gehirnforschung hat festgestellt, daß das menschliche Bewußtsein 7 ± 2 Informationseinheiten gleichzeitig bewältigen kann. Wir wählen also in jeder Sekunde aus, welche sieben Informationen für uns bedeutungsvoll sind, und nur diese nehmen wir bewußt wahr.

Dieses Buch ist entstanden, weil die Welt nicht das ist, was wir für die Realität halten. Jeder filtert für sich Teile der Wirklichkeit heraus und nimmt einiges bevorzugt, anderes hingegen gar nicht wahr. Der sogenannte erste Eindruck besteht also aus den 7 Informationen, die wir bewußt aufgenommen haben, und einer ganzen Fülle von nicht bewußt aufgenommenen Informationen. Alle Informationen zusammen werden in unserem Gehirn gespeichert und bestimmen unser Verhalten.

Die Fähigkeit, die eigene äußere Wirkung zu bestimmen und bewußt einzusetzen, wächst mit der Beherrschung dieser 7 Informationen.

Die 7 x 7 x 7-Chance

"Wenn ich mich auch noch darum kümmern soll! Ich bin ja froh, wenn ich Termine kriege!" Genau dieses Image werden Sie erzeugen. Wollen Sie das?

Vielleicht ist folgende Information dazu wichtig: Bei jeder Begegnung entsteht ein Programm des ersten Eindrucks, das bei jeder neuen Begegnung weitergeschrieben wird! Im Schnitt dauert es 7 Jahre, bis ein Programm des ersten Eindrucks völlig umgeschrieben ist. Sein eigenes Image zu bestimmen, hat also eine nachhaltige Wirkung: Im Extremfall dauert es 7 Sekunden, und wir nehmen ca. 7 Informationen auf, und das Ganze hält 7 Jahre!

Diese 7 x 7 x 7-Chance spielt gerade im Verkauf eine große Rolle, weil der Kunde häufig zwischen sehr vielen gleichartigen Angeboten entscheiden wird, und wenn er in den ersten 7 Sekunden nicht den Eindruck hat, daß Sie einen größeren Nutzen bieten als alle Wettbewerber, wird er sich Ihnen nicht zuwenden. Gilt das auch bei Stammkunden? Jede gute Erfahrung stützt das Image und gibt einen Wettbewerbsvorsprung! Nur eine ständige Kundenbefragung durch Sie und Ihre Firma stellt sicher, daß Sie im Konkurrenzkampf immer eine Nasenlänge voraus sind!

Mehr oder weniger verlassen wir uns hier auf unsere Intuition, auf Kenntnisse aus der Körpersprache, aber eigentlich tappten wir bis in jüngster Zeit ziemlich im Dunkeln!

Um sich schnell und wirkungsvoll in unserer Umwelt zu orientieren, verfügt unser Gehirn über Informationsauswahlprogramme. Über unsere Sinneskanäle werden die Informationen aufgenommen und auch wieder abgegeben.

Was wir durch NLP nun Neues lernen, ist, daß wir beobachten können, welchen Sinneskanal wir in welcher Situation bevorzugen - sehen, hören, fühlen, schmecken, riechen. Jeder von uns bevorzugt den einen oder den anderen Sinneskanal für die Aufnahme von wichtigen Informationen. Wenn wir wissen, zu welchem Zeitpunkt genau der Kunde lieber etwas sehen, hören, fühlen oder gar riechen oder schmecken möchte, können wir solche Signale bewußt setzen. Solche Informationen gesendet, bedeutet für unseren Kunden, besonders schnell und leicht diese Informationen aufzunehmen: Es muß ja sehr schnell gehen, denn in 7 Sekunden ist der erste Eindruck verfestigt!

Fazit:

Erinnern Sie sich noch an unsere Frage?

Meine Antwort jetzt:

Meine persönlichen Erkenntnisse:

Wann und bei welchem Kunden wende ich das an?

Name des Kunden:

Datum:

FRAGE:

Wie wissen Sie, ob Sie gut "drauf" sind?

Bitte wählen Sie das für Sie Zutreffende aus!

- ◯ Ich fühle mich gut.
- ◯ Ich habe gute Ideen.
- ◯ Ich bin gut vorbereitet.

Ihre Erfahrung:

____

____

____

____

Talente: Lust und Frust

"Ich koche!", "Ich sehe rot!", "Ich platze gleich!" "Wenn ich das schon höre, gefriert mir das Blut in den Adern!" Unsere Sprache drückt genau aus, wie wir auf negativen Streß mit Ärger reagieren.

Streß ist meßbar!

Ein lustiger Gedanke steigert, hormonell bedingt, unsere Lebensenergie, denn unsere Muskeln werden nun besser mit spezifischen Hormonen versorgt. Wir spüren mehr Energie und Kraft. Bei Frust und Ärger sinkt unser Energieniveau ab. Wir erinnern uns an Kunden oder Bekannte dieser "Sorte" immer mit dem Gedanken: "Der zieht mich immer so runter!"

Streß ist meßbar, "Ich lasse mir nichts anmerken, auch wenn ich stocksauer bin, habe ich beim Kunden ein fröhliches Gesicht!" Mit dieser Illusion räumten die beiden Forscher Goodheart und Diamond gründlich auf! In ihren Untersuchungen über den Zusammenhang zwischen Gedanken und Körper entdeckten sie, daß jeder Gedanke eine Resonanz im Körper hat und zu einem bestimmten Hormonausstoß führt, den wir fühlen. Ein lustiger Gedanke, ein Gedanke innerer Gelassenheit, liebevolle, gütige Gedanken aktivieren beide Gehirnhälften und versorgen unsere Muskeln so mit spezifischen Hormonen, daß die Energie und Kraft steigt. Bei Frust, Ärger und Streß tritt der Neandertalereffekt mit dem Ausschalten des Denkgehirns ein, das Energieniveau sinkt ab. Bei Streß ist Denken reine Glückssache. Wir fallen buchstäblich in uns zusammen, haben keine Kraft, schleppen uns dahin und fühlen uns heruntergezogen, demotiviert!

Wenn man also als Verkäufer voller Frust ein Lächeln aufsetzt, ist die Frage, welche Hormonstöße die Überhand gewinnen. Meistens wechselt die Mimik, so daß der Kunde eigentlich nicht weiß, woran er ist, genau so wenig wie der Verkäufer! Ein solcher Anblick der Unentschlossenheit, wechselnder Stimmung, setzt wiederum den Käufer unter Streß, und auch sein Denkgehirn wird teilweise blockiert.

Wegen der eigenen Denkleistung und der Ausstrahlung auf die Denkfähigkeit des Kunden ist es interessant, daß die beiden Forscher mehrere Tests zur Verfügung gestellt haben, mit deren Hilfe man feststellen kann, "ob man gut drauf ist", d.h. ob beide Gehirnhälften voll eingeschaltet sind.

Beim sogenannten Muskeltest ist gut, mit einem Partner zu arbeiten, beim Klatschtest können Sie sich auch allein testen. Vielleicht haben Sie Lust, gleich mitzumachen.

Eigentest auf "gute Stimmung" (Klatschtest)

- Wie ist Ihre Stimmung in diesem Moment, da Sie diese Zeilen lesen? Sind beide Gehirnhälften voll eingeschaltet? Sind Sie gut drauf?

- Sehen Sie sich um, hören Sie, was es zu hören gibt, fühlen Sie in sich genau nach, wie es Ihnen im Augenblick geht. Vielleicht gibt es auch etwas zu riechen oder zu schmekken, so daß Sie Ihre jetzige Situation mit all Ihren Sinnen wahrnehmen!

- Jetzt öffnen Sie die Arme und strecken sie an den Schultern aus, so daß Ihr Körper mit den ausgebreiteten Armen eine Linie bildet. Wenn Sie die Situation und Ihr Gefühl voll wahrnehmen, dann klatschen Sie die Hände zusammen und lassen Sie sie zusammen. Nun kann passieren: die rechte und die linke Hand landen genau deckungsgleich aufeinander: das ist der Test für gute Stimmung, Streßfreiheit und die Einschaltung beider Gehirnhälften.

Alle Finger der rechten Hand müssen alle Finger der linken Hand genau abdecken.

Wie ist das zu erklären? Wie bekannt, steuert beim Rechtshänder die rechte Gehirnhälfte die linke Körperseite, und die linke Gehirnhälfte die rechte Körperseite. Wenn beide Gehirnhälften in einer bestimmten Situation voll mitarbeiten, sind beide Körperhälften gleich aktiviert, und beim Klatschtest passen die beiden Hände deckungsgleich aufeinander. Beim kleinsten Streß verliert das Großhirn die Balance, und eine Gehirnhälfte übernimmt die Führung, und das drückt sich darin aus, daß die entsprechende Körperhälfte mehr aktiviert ist, und die Hände daher immer weniger übereinander passen, je gestreßter man ist.

■ Ihre Hände passen nicht sehr gut übereinander: eine Gehirnhälfte hat die Führung übernommen, Sie stehen unter negativem Streß. Überlegen Sie, was Ihnen jetzt guttun würde: Müssen Sie sich umsetzen, müssen Sie etwas essen oder trinken, müssen Sie überhaupt aufhören zu lesen und lieber mehr ausprobieren? Lehnen Sie sich ganz kurz zurück und stellen Sie fest, was Ihnen jetzt guttut! Führen Sie das aus, und machen Sie danach noch einmal den Klatschtest, und zwar so lange, bis beide Hände bei dem Klatschtest genau aufeinander passen.

Natürlich kann man die Hände auch so langsam zusammenführen, daß Sie aufeinanderpassen. Nur, das ist dann kein Test, sondern ein Ausprobieren, wie man vom Körper her wirklich symmetrisch und damit in beiden Gehirnhälften aktiviert ist. Je unkontrollierter die Hände aufeinandergeklatscht werden, um so eher spiegelt der Test die Stimmungslage wider.

Die Anwendung liegt auf der Hand:
Vor jedem Kundengespräch bis vor die Tür des Kunden den Klatschtest immer wiederholen, ob die Hände auch deckungsgleich zusammengehen.

"Soll man denn immer guter Laune sein?" "Das geht doch gar nicht!" So die Äußerungen mancher Seminarteilnehmer in meinen Verkaufsseminaren. Es kommt auf das Ziel an: wenn Sie mit optimaler Gehirnleistung dem Kunden wirklich einen Nutzen bieten wollen, dann müssen Sie sowohl mit der linken als auch mit der rechten Gehirnhälfte arbeitsfähig sein. "Manche Kunden brauchen eins auf den Deckel!" Das mag sein, solche Kunden kenne ich auch. Die Frage ist, ob Sie derjenige sein wollen, der "auf den Deckel haut?" Denn jeder Streßgedanke schwächt Ihr Immunsystem und das des Kunden. An oberster Stelle steht die Flexibilität. Mit diesem Klatschtest haben Sie die Möglichkeit, festzustellen, wo Sie stehen. In den folgenden Kapiteln kommen wir zum nächsten Schritt: zur Zielbestimmung. Von Ihren Zielen hängt ab, ob Sie sich testen, wie Sie mit den Testergebnissen umgehen, und ob Sie Ihre Stimmung gezielt verändern wollen.

Die beiden Forscher entdeckten mit dem sog. Muskeltest ein körpereigenes Feedbacksystem, wie unsere Gedanken auf unseren Körper wirken.
Dieser heute schon berühmt gewordene Muskel- bzw. Armtest liefert den Beweis für diese Wirkungsweise von Gedanken auf unseren Körper und ist ein Meßinstrument für die Kontrolle unserer Gedanken! (siehe Grafik)

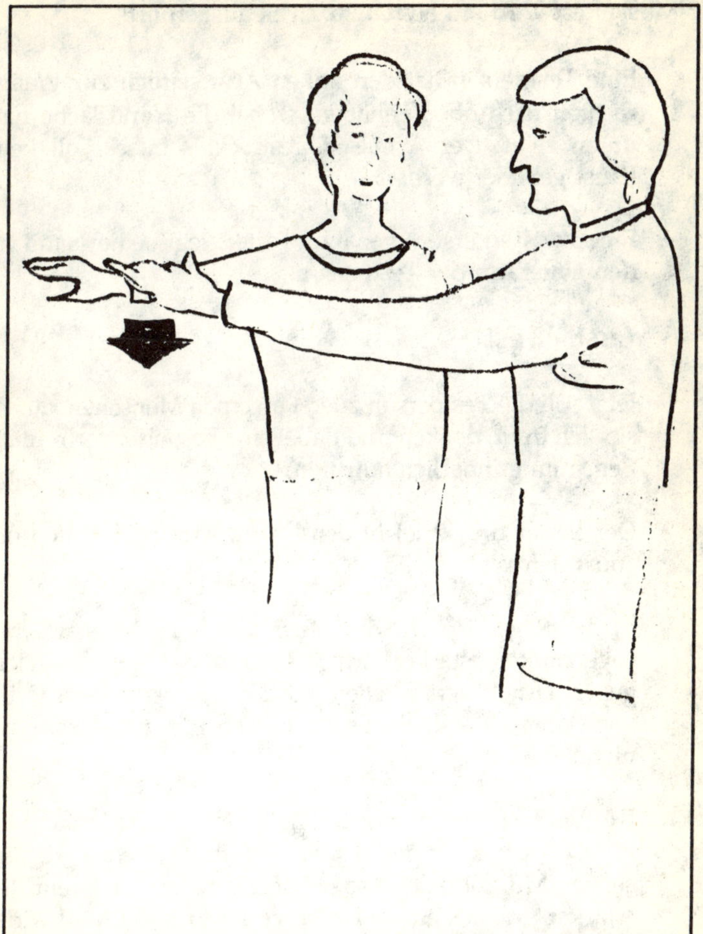

Abb. 4 *Der Muskeltest zeigt die Wirkung unserer Gedanken auf den Körper.*

Der Muskeltest wird am besten zu zweit ausgeführt!

- Eine Testperson hat den linken Arm seitlich zur Waagerechten nach oben gehoben, wobei die Handfläche nach unten zeigt. Der Arm soll gestreckt sein, es soll keine Faust gebildet werden.

Eine zweite Person, genannt Tester, legt seine Hand auf den Unterarm der Testperson.

Lust - Test

Jetzt soll die Testperson zuerst an einen Menschen, auf die sie sich freut, denken und dabei eine besonders erfreuliche Begegnung innerlich aufrufen.

Der Tester drückt leicht den linken Arm nach unten und spürt den Widerstand.

In der Regel "sperrt" der Muskel, d.h. er ist "stark". Ein sogenannter "starker" Muskel kann das Schultergelenk gegen Druck verschließen, so daß der Arm dem Druck nach unten standhält. Ein "schwacher" Muskel kann das nicht.

Die Versuche wurden mit einem Gerät zur Messung der Muskelkraft durchgeführt. Sie ergaben bei ein und demselben Muskel (dem sog. Kinesiometer), daß ein sog. "starker" Muskel einem Druck von bis zu 40 Pfund widerstehen kann, während es bei einem schwachen Muskel nur ca. 15 Pfund sind. Zum Testen wird der mittlere Teil des Delta-Muskels verwendet. Der seitlich ausgestreckte linke Arm einer Person soll dem Druck nach unten widerstehen können. Dann stimmt die Energiebilanz im Körper. Es kommt darauf an, daß der Muskel das Gelenk sperren kann, was nur im energiegeladenen Zustand funktioniert.

Bevor man mit Menschen spricht, kann man mit diesem Muskel- bzw. Armtest feststellen, ob man seine Gedanken so organisiert hat, daß man mit bester Energie zum Treffen geht.

Frust - Test

Als nächstes soll die Testperson intensiv an einen für sie "schwierigen" Menschen, an einen Ärger mit einer Person denken! Der Deltamuskel reagiert schwach! Der selbe Druck des Testers drückt den Arm nach unten und der Widerstand ist schwächer als bei dem Gedanken an den fröhlichen Menschen!

FAZIT: Über unsere Gedanken steuern wir unsere Kraft! Jeder Gedanke nach Flucht oder Angriff raubt die eigene Energie und das überträgt sich auf den Kunden! Nur energiestarke Verkäufer geben dem Kunden wirklich etwas: Lebensenergie! Mit NLP kann jeder, der es lernen will, voller Energie sein und Probleme mit dem Kunden zielorientiert lösen!

Fazit:

Erinnern Sie sich noch an unsere Frage?

Meine Antwort jetzt:

____

____

____

____

Meine persönlichen Erkenntnisse:

____

____

____

____

Wann und bei welchem Kunden wende ich das an?

Name des Kunden: ____________________

Datum:

FRAGE:

Wenn schon, denn schon!
Über was können Sie sich "richtig" ärgern?

Was halten Sie für sich selbst als zutreffend?

- ◯ Ich fühle mich selbst angegriffen.
- ◯ Wenn jemand mir nicht zuhört.
- ◯ Wenn ich von "oben herab" behandelt werde.

Ihre Erfahrung:

___

___

___

___

Richtig ärgern können

Warum ärgert man sich manchmal "wahnsinnig" und der Ärger sitzt sehr tief, manchmal bleibt man in guter Stimmung, egal was passiert! Die Perspektive bestimmt unsere Bewertung und damit unsere Gefühle! Wenn wir etwas auf die leichte Schulter nehmen, erleben wir ein Problem als das, was es ist, ein Thema, das die Umwelt an uns heranträgt.

In Frage gestellt fühlen wir uns dann, wenn wir ein Problem unter einer ganz anderen Perspektive wahrnehmen, z.B. unter der Perspektive: Wer bin ich bei diesem Problem? Was ist meine Aufgabe auf dieser Welt, wenn ich das Problem löse oder es ungelöst lasse? Streßgefühle lassen sich auf sechs Ebenen, die eine hierarchische Ordnung bilden, zurückführen. Je nachdem, ob wir ein Thema der Umwelt, dem Verhalten, den Fähigkeiten, dem Glauben, der Identität oder der Mission zuordnen (siehe Grafik). Jede dieser Perspektiven ist mit einer anderen neurologischen Verknüpfung im Gehirn verbunden, und unser Streßpegel steigt mit der Ebene der Perspektive.

Sagt der Kunde zum Beispiel "zu teuer", so kann der Verkäufer sich auf 6-fache Weise ärgern und in Frust geraten.

Umwelt: Der Verkäufer kennt die Umwelt des Kunden und denkt z.B.: "Geld hat diese Firma in dieser gutgehenden Branche doch"! Und er ärgert sich über den für ihn scheinbar unangemessenen Einwand "zu teuer".

Verhalten: Der Verkäufer wertet Kundenfragen generell als abweisendes Verhalten, dem er sich nicht gern aussetzt. Kundenablehnungen lösen dann sehr schnell den Neandertaleffekt aus.

***Abb.** 5 Unser Unterbewußtsein differenziert in obigen Ebenen, und: je höher die Ebene, desto höher die dauerhafte Wirkung auf den Kunden.*

Fähigkeit: Der Verkäufer zweifelt an seiner Fähigkeit, den Kunden den Zusammenhang zwischen Preis und Leistung deutlich zu machen und denkt: "Der läßt sich nicht gewinnen! Warum plage ich mich, wenn ich doch keine Chance habe?"

Glaube: Glaube versetzt Berge, leider aber nach beiden Seiten: Lust oder Frust! "Der will mich wohl für dumm verkaufen! Mit mir nicht!" Der Verkäufer ärgert sich, weil er ein Recht auf einen "anständigen Kunden" zu haben glaubt und überzeugt ist, der Kunde schätzt ihn nicht!

Identität: Der Verkäufer fragt sich verärgert: "Wer bin ich denn, daß ich mir das hier bieten lassen muß? Meine Firma ist Marktführer mit der besten Forschung und Entwicklung etc. und dann so eine Behandlung!"

Mission: Angriffe auf die eigene Bestimmung und Misson wirken am nachhaltigsten. Selbstzweifel frustrieren, weil der Verkäufer glaubt, durch die zu "hohen Preise" seiner Aufgabe nicht gerecht werden zu können.

Wieso kleine Ereignisse uns oft "krankmachen", geht auf unsere Erfahrungen, sprich Fehlerprogramme zurück: Von Kind auf haben wir gelernt, uns mit unseren Leistungen auch persönlich zu identifizieren! Gute Noten wurden mit Geschenken und Lob bedacht: "Du bist ein liebes Kind..., bist unsere große Freude..., unser ganzer Stolz!" Statt der Leistung wird der ganze Mensch als wertvoll angesehen! Wehe, wenn sich Fehler einschleichen! "Du taugst nichts... Du bist zu nichts nutze..." und Schlimmeres flog uns um die Ohren! Schon in der Schule werden wir auf Fehler getrimmt, wir suchen die Fehler regelrecht, werden darauf geeicht.

Fehlerfrust haben wir auf allen sechs Ebenen mit allen Sinnen lernen können (siehe Grafik).

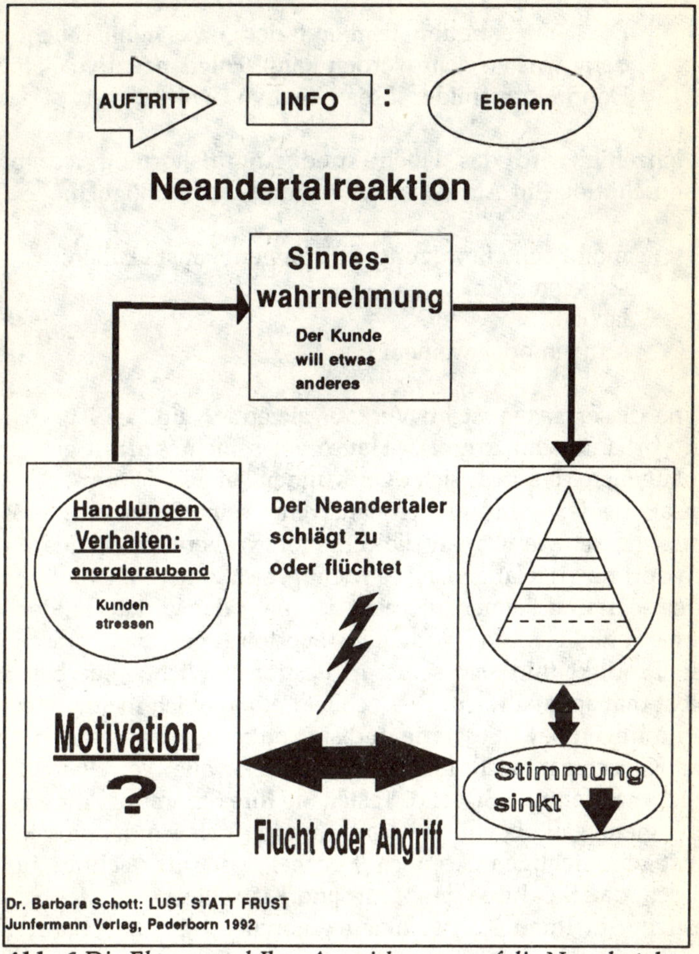

Abb. 6 *Die Ebenen und Ihre Auswirkungen auf die Neandertalreaktion.*

Fehlerstreß führt zur teilweisen Blockade des Großhirns und dem Einschalten der Stammhirnprogramme: Was passiert?

- Die Konzentration liegt auf dem, was fehlt! Nicht auf dem, was erreicht werden kann! Folge: negative Gefühle. Denn Horrorbilder lösen negative Gefühle aus!

Gleichzeitig wird das Flucht- und Angriffshormon Adrenalin ausgeschüttet. Ein Abbau ist auf mehrere Arten möglich:

- motorische Bewegung, z.B. joggen, Fäuste ballen,
- schreien,
- lachen,
- seufzen oder weinen.

Keine dieser Arten ist im Verkauf akzeptiert und es ist wichtig, mit vorhandenem Ärger zu Hause vor seinem Auftritt gezielt so umzugehen, daß man sich dem Kunden "in guter Form", d.h. mit Einsatz beider Gehirnhälften nähert, um seine Probleme zu lösen, egal, wie schwierig man die Situation vorher empfunden hatte. Um dort hinzugelangen, ist es wichtig, sich zunächst einmal selbst zu erleben und kennenzulernen; denn nur der Verkäufer, der sich seines Fähigkeits- und Verhaltensrepertoires gewiß ist, präsentiert sein Produkt und sich selbst in Bestform. Wichtig hierbei: Sich selbst managen können. Dies schließt ein, daß ich meiner eigenen Stimmungen bewußt werde und sie kontrollieren kann. Der Arm- und Klatschtest macht Ihnen auf eindrucksvolle Weise bewußt, in welcher Stimmung Sie sind. Testen Sie Ihre Stimmung, Ihr eigenes "Energieniveau" bevor Sie zum Kunden gehen oder vor jedem sonstigen wichtigen Gespräch. Für viele von uns reicht es aus zu wissen, daß Sie durch den Arm- und Klatschtest eine Möglichkeit besitzen, in Ihren Körper hineinzuhorchen, und zu erfahren, in welcher Stimmung wir uns im Moment befinden. In diesem Buch geht es mir darum, Ihnen die Chance zu geben, daß Sie einmal erkennen, was es heißt, wenn Sie festzustellen: "Ich bin schlechter Stimmung!" oder "Ich bin nicht voll da." und daß Sie zweitens von mir Wege kennenlernen, wie Sie Ihre Stimmung selbst bestimmen, so daß Sie beim Kunden immer "voll da sind". Sich selbst bewußt zu machen, welche Stimmung wir haben beinhaltet auch zu wissen, was bei mir in meinem Körper und Kopf passiert, wenn ich schlechter Stimmung bin, wenn ich Streß verspüre.

Der Neandertaler ist in uns!

Es ist noch gar nicht solange her, daß wir uns mit Keulen unsere Rechte in der Sippe erstritten. Wenn wir wütend waren, schlugen wir drauf. Noch immer haben wir diesen Neandertaler in uns. Immer wenn wir Streß verspüren, verspüren wir in uns entweder die innere Keule, die dem uns gegenüber sitzenden Kunden unmißverständlich klar machen will, wer im Recht ist oder ein Gefühl die Sachen zu packen und die Flucht nach hinten anzutreten.

Streß mit seinen Reaktionen Flucht oder Angriff versetzt unseren Körper in Sekundenschnelle in Alarmbereitschaft und das geht zu Lasten des sog. Denkhirns. Die Großhirnrinde schaltet sich bei dieser Flucht- oder Angriffsreaktion aus. Bewußte Entscheidungen sind für Situationen, in denen das Leben auf dem Spiel steht, nicht nützlich. Jeder Streß löst diese Überlebensautomatik aus.

Bei Frust schlägt der Neandertaler in uns voll zu. Nur bei Lust, sprich bei Eu-Streß, sind alle Gehirnteile - insbesondere auch beide Gehirnhälften - voll eingeschaltet. Nie ist man so kreativ, wie wenn man sich auf das Kundengespräch freut und den Kunden gern unterstützt. Bei schwierigen Kunden fällt uns nichts ein! Das Denkhirn ist ausgeschaltet. Wir verhaspeln uns beim Sprechen und wirken auch nach außen hin unsicher.

In der Regel ist man bei Einwänden und Ablehnungen schnell auf 180! Man hat nur einen Wunsch: sich zu entladen und dem anderen deutlich den Marsch zu blasen, ihm eins zwischen "die Hörner zu geben!" Damit ist der sog. Neandertalkreislauf geschlossen.

Dieser Kreislauf hat drei Stationen (siehe Grafik):

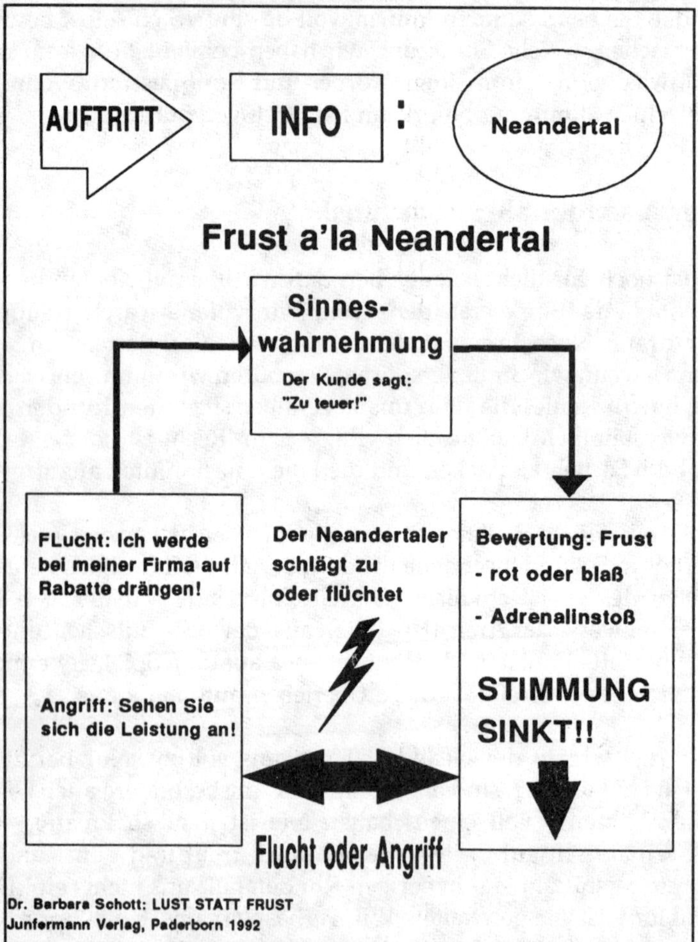

Abb. 7 Der Neandertalkreislauf zeigt: Wir reagieren in Streßsituationen unbewußt mit Flucht oder Angriff!

- **Reiz:** Mit den fünf Sinnen nehmen wir Informationen von unseren Kunden auf und bewerten sie innerlich an den schon gespeicherten Erfahrungen und (Vor-)Urteilen, kurz den sog."Wertprogrammen". Der Kunde sagt z.B. "keine Zeit", und der Verkäufer fühlt sich zurückgewiesen und die Stimmung sinkt!

- **Die schlechte Stimmung entsteht durch die Bewertung der Äußerung des Kunden.** Das Wertsystem wirkt als Filtersystem, das die aufgenommenen Reize als Frust oder Lust einstuft. Bei Frust: Nachdenken ist OUT - Alarm ist IN!

- **Die Reaktion auf Frust folgt augenblicklich:** Angriff oder Flucht

Während wir in grauer Vorzeit bei Frust das Adrenalin und alle anderen Kampf- und Fluchthormone durch körperliche Bewegung abbauen konnten, bleiben diese Hormone heute im Blut des Schreibtischtäters, fördern den Alterungsprozeß und machen krank. Viele Verkäufer sind der Meinung: "Man muß zu seinen Gefühlen stehen!"

Dies ist eine typische Neandertalreaktion, die nur eins bedeutet: wir waren Neandertaler, wir sind es heute noch, und wir werden uns auch heute noch nach der alttestamentarischen Devise: "Auge um Auge, Zahn um Zahn", verhalten. Die Folgen sind vorhersehbar, der Kunde gerät unter Streß und wird auch zum Neandertaler! Da er die größere Keule - sprich Macht - hat, wird er sich abwenden. Nur eine gezielte Vorsorge und ein bewußtes Einschalten des Denkhirns in sog. kritischen Situationen entstressen.

Hier geht es um die gezielte Neuorientierung: "Statt blaß vor Angst" oder "rot vor Wut" lieber Spaß an einer kreativen Lösung! Lust statt Frust, aber wie?

Die Zeiten der Stimmungsmuffel sind vorbei, denn wer mag schon Verkäufern auf der Neandertalerstufe begegnen! Zielorientiert und humorvoll heiter Lösungen erreichen, das ist der Königsweg des Verkaufens.

Befragungen haben ergeben, daß es häufig der Verkäufer ist, der sich zurückzieht. Bei Preisdiskussionen z.B. weichen viele Verkäufer auf die Diskussion mit den eigenen Firmen aus und versuchen eher dort, etwas für den Kunden herauszuholen als beim Kunden die Preisobergrenze zu ermitteln.

Im Verkaufen geht es heute darum, erst gar nicht in negativen Streß zu geraten! Leichter gesagt als getan? Nun, dazu muß man sich nur folgendes vergegenwärtigen: Für den einen ist das Glas halbvoll, für den anderen halbleer! Wo lernen wir das? Wie können wir zu einer Umwertung kommen? Davon gleich mehr.

Fazit:

Erinnern Sie sich noch an unsere Frage?

Meine Antwort jetzt:

Meine persönlichen Erkenntnisse:

Wann und bei welchem Kunden wende ich das an?

Name des Kunden:

Datum:

F R A G E:

Wie kommen Sie auf Knopfdruck in gute Stimmung?

Was halten Sie für zutreffend?

- ○ Ich sehe mir etwas Interessantes an.
- ○ Ich lege meine Lieblingskassette ein.
- ○ Ich denke an meinen letzten guten Abschluß.

Ihre Erfahrung:

___

___

___

___

Entärgern auf Knopfdruck

Der Thymuspunkt

Klopfen auf die Thymusdrüse bietet sofortige Hilfe, weil jedes Gefühl zuerst auf unsere Thymusdrüse wirkt. Sie ist quasi das Bindeglied zwischen Körper und Geist.

Man legt die Fingerspitzen der freien Hand auf das Brustbein, wo die zweite Rippe mit dem Brustbein verbunden ist. Dieser Punkt liegt direkt über dem Thymus und wird auch Thymuspunkt genannt.

10- bis 12-maliges Klopfen auf diesen Thymuspunkt hebt die Schwächung des Muskels durch negative Gedanken auf! Ärgerliche Gedanken werden so neutralisiert!

Es gibt einen weiteren Entärgerungsknopf, den schon die Griechen, Römer und Inder kannten und nutzten.

Man kann den Thymus auch aktivieren, indem man die Zunge gegen den Gaumen legt. Die Spitze der Zunge soll dabei ungefähr einen halben Zentimeter hinter dem oberen Schneidezahn liegen.

Es zeigt sich nun, daß dieser "zentrierende Punkt" beide Gehirnhälften aktiviert. Da bei Streß durch negative Gedanken nur eine der beiden Gehirnhälften benutzt wird, kann man durch Aktivierung des Thymuspunktes wieder beide Gehirnhälften ansprechen und nutzen.

Man kann natürlich die Wirkung dieses zentrierenden Punktes und auch des Klopfens des Thymuspunktes wieder durch den Muskel- bzw. Armtest kontrollieren.

Aktivierung beider Gehirnhälften:

Steigt der Ärger auf, so befinden wir uns in einer energieraubenden Streßsituation und neigen dazu, nur eine Gehirnhälfte zu nutzen!

Manche Verkäufer werden unter Streß hektisch und treten oft in einen verbalen und intellektuellen Kampf mit den Kunden! Was hier fehlt sind intuitive und kreative Problemlösungen, die vorwiegend in der rechten Gehirnhälfte lokalisiert sind, die dummerweise ausgerechnet bei Streß ausgeschaltet ist.

Wie' .r andere Verkäufer neigen unter Streß zu einer Dominanz der rechten Gehirnhälfte und treten bei unangenehmen Gefühlen die "Wirklichkeitsflucht" an.

Nur wenn beide Gehirnhälften voll aktiv und aufeinander abgestimmt sind, man spricht von der sog. zerebralen Ausgeglichenheit, mischen sich Logik, verbale Kompetenz, Intuition und Kreativität, und wir erreichen ein Höchstmaß an Energie und besonders gute Lösungen.

Eine Stimulierung der Thymusdrüse bringt auch ihrerseits die beiden Gehirnhälften ins Gleichgewicht. So wirken die beiden Entärgerungsknöpfe auch gleichzeitig auf die Balance unseres Gehirns.

Balance und Motorik

Delacato erkannte, daß diese Balance des Gehirns auch eine motorische Auswirkung hat und daß man über die Motorik eine zerebrale Ausgeglichenheit erreichen kann.

Er beobachtete bei Kindern mit neurologischen Problemen, insbes. auch mit Leseschwäche, eine Rückentwicklung auf eine frühe Stufe der Fortbewegung und der neurologischen Organisation. Sie bewegten sich seitengleich (homolateral).

Das heißt, bei einer Fortbewegung wurden gleichzeitig der rechte Arm und das rechte Bein nach vorn bewegt, dann der linke Arm und das linke Bein.

Dies ist eine frühe Fortbewegungsart, die einer einfacheren Verknüpfung im Gehirn entspricht.

Bei weiterer Entwicklung kommt es zu einer höheren Stufe der neurologischen Verknüpfung im Gehirn. Der Mensch bewegt sich gegengleich. Gleichzeitig mit dem rechten Bein wird der linke Arm vorgenommen.

Wenn man sich jetzt gegengleich fortbewegt, d.h. sich mit forschem Schritt eine ganze Zeit lang bewegt, oder z.B. Sirtaki tanzt, aktiviert man wieder beide Gehirnhälften und verändert seinen neurologischen Zustand auf ein höheres Niveau und stärkt damit seine Lebenskraft.

Fazit:

Es gibt also drei Möglichkeiten, Ärger schnell abzubauen und erst gar nicht entstehen zu lassen oder die Streßenergie zu kanalisieren und so sich selbst beim Gedanken an schwierige Kunden immer wieder zu stabilisieren:

- Thymuspunkt aktivieren und Lebenskraft reflexartig steigern

- zentrierenden Punkt im Gaumen berühren und tief durchatmen

- durch gegengleiche Körperbewegungen die Gehirnhälften wieder zur Zusammenarbeit bringen und so ein höheres neurologisch-energetisches Niveau erreichen.

Fazit:

Erinnern Sie sich noch an unsere Frage?

Meine Antwort jetzt:

____

____

____

____

Meine persönlichen Erkenntnisse:

____

____

____

____

Wann und bei welchem Kunden wende ich das an?

Name des Kunden: ____________________

Datum:

Sie sind schlechter Stimmung, weil Ihr Kunde Sie versetzt hat, weil etwas schief gegangen ist, sei es beruflich oder privat.

FRAGE:

Was tun Sie, wenn Sie noch ein wichtiges Gespräch vor sich haben?

Was halten Sie für zutreffend?

- ◯ Ich sage ab, wenn es noch möglich ist.
- ◯ Ich höre angenehme Musik im Autoradio.
- ◯ Ich entspanne mich.

Ihre Erfahrung:

____

____

____

____

Die Perspektive wählen

Gut drauf sein, wenn's schief geht!

Die Jünger fragten einen Weisen:

> "Was machst du anders als wir? Warum bist du immer so guter Dinge? Warum bist du so gelassen?"

Der Weise antwortete:

> "Das ist ganz einfach, wenn ich gehe, gehe ich, wenn ich stehe, stehe ich, wenn ich esse, esse ich, wenn ich lese, lese ich!"

Da sagten die Jünger ganz überrascht:

> "Das tun wir doch auch!"

"Nicht ganz", antwortete der Weise:

> "Wenn ihr steht, geht ihr schon, wenn ihr geht, lauft ihr schon, wenn ihr lauft, redet ihr schon, wenn ihr redet, denkt ihr schon an was anderes!"

Gemeint ist hier die totale Konzentration all unserer Sinne auf das, was wir im Augenblick erleben. "Während ich stehe, schon an das Gehen zu denken", heißt, daß man im Inneren schon das Nächste miterlebt.

Wir nehmen nach neuester Gehirnforschung immer nur einen Bruchteil der Realität um uns herum wahr und verknüpfen ihn mit den Erlebnissen und Erfahrungen, die wir schon gemacht haben. Diese Mischung löst jeweils bestimmte Hormonstöße aus, die wir als Gefühle, als Stimmung oder als Energie bezeichnen.

Was hat es nun mit der Fähigkeit dieses Weisen auf sich? Es geht darum, daß wir jeden Gedanken nur erleben können, weil wir ihn fühlen. Das mag im Augenblick überraschend sein, weil wir uns doch oft sagen, "Ich fühle nichts"! Gar nichts fühlen ist aber eben auch ein Gefühl, zwar kein so gutes und so intensives, wie z.B. in einer "Bombenstimmung" sein. Diese Unterscheidung der Gefühle ist nur möglich durch unterschiedliche hormonelle Ausschüttung!

Fazit: Wenn wir uns gleichzeitig zwei Gedanken machen, verteilen wir unsere Energie auf diese zwei Gedanken und teilen unsere Kraft und Dynamik. Wir tun nichts richtig!

"Wir leben nun einmal in einer schnellebigen Zeit, wo man manchmal an mehrere Dinge gleichzeitig denken muß," sagte vor kurzem ein Top-Manager in einer Talkshow. Nur wer sich wirklich auf einen Gedanken voll einstellt, wird Bestleistung erreichen können. Nur wer wirklich bei der Sache ist, hat seine beiden Gehirnhälften voll eingeschaltet und ist "gut drauf"! Im NLP nennt man diesen Zustand "in Spitzenform" sein oder auch "spitzenmäßig drauf sein". In diesem Moment der eigenen Exzellenz wird die körperphysiologische Energie so konzentriert, daß Probleme spielerisch und doch mit Drive gelöst werden!

Alles aus erster Hand!

Hier geht es darum, ganz da zu sein, alles aus erster Hand zu erleben, sich voll mit der Situation zu identifizieren. Wer so ins Theater geht, hebt sich innerlich buchstäblich aus seinem Sessel und agiert auf der Bühne mit, fühlt wie der Hauptdarsteller leidet, und liebt wie sein Held oder seine Heldin!

Sich voll einzulassen ist besonders vorteilhaft, wenn die Situation, die Impulse von außen fröhlich stimmen, einen energetisch aufladen. Sehr gute Sportler, vor allen Dingen begabte Tennisspieler, schauen sich ihre erfolgreichen Schläge oder ihre Siege immer wieder auf Video an und versetzen sich auch bei einem Punktverlust in diesen Augenblick zurück, wo sie den entscheidenden Punkt machen, so, als ob es gerade nochmal passiert. Sich selbst stärken bedeutet, in eine gute Situation, in eine Erinnerung zurückgehen, in der man sich selber voller Energie fühlte, egal was außen herum passiert.

Das einzigartige am Menschen ist, daß diese guten Gefühle der erlebten Situation innerlich wie ein Videofilm abgelegt sind, und man die guten Gefühle durch Einlegen dieses Videofilms wieder voll beleben kann. Man kann sie sogar auf andere Situationen übertragen. Das Geheimnis des Positiven Denkens setzt genau hier an, sich in vergangene positive Erlebnisse zurückzuversetzen und diese Situation auf Zuruf immer wieder erleben zu können. Wir haben es buchstäblich in der Hand, unsere eigenen Kraftquellen durch Aufrufen stärkender innerer Erlebnisse anzuzapfen.

Ebenso können wir uns schlechte Gefühle "machen". Denn Erinnerungen, die schlechte Stimmung machten, sind auch als Erlebnis in Bild, Ton, Gefühl, Geruch und Geschmack abgespeichert. Manche Erlebnisse waren so schmerzhaft, daß wir sie für immer abgelegt haben, aber nicht bewältigten! Wenn jetzt Impulse von außen kommen, die diese inneren Videos wieder aufrufen, kann es unvermutet zu einem Stimmungstief oder einem Ausbruch kommen. Mit unserer "Aufmerksamkeit" lenken wir unsere Gefühle, indem wir gelernt haben, bei bestimmten äußeren Reizen, ganz bestimmte Erlebnisse innerlich aufzurufen! Dabei sind unsere Erlebnisse durch unsere fünf Sinneskanäle gespeichert und sozusagen als 5-Kanal-Video abgelegt.

An dieser Stelle ist deshalb die Fähigkeit, sich "nicht jeden Schuh anzuziehen", quasi "neben sich stehen" und sich von außen sehen zu können, eine Hilfe. Diese zweite Fähigkeit macht es nun möglich, unbewältigte Erlebnisse ohne Durchleben der Ursprungsgefühle zu bewältigen und aus ihnen zu lernen. Wir können eine Situation als Regisseur im eigenen Kino ansehen und uns als Regisseur und nicht als Opfer fühlen. Hierzu ein kleines Beispiel:

Der Verkäufer naht zwei Minuten vor Feierabend - ohne Anmeldung. Die Sekretärin hat vor sich ein Glas Sprudel, um sich nach getaner Arbeit zu erholen. Sie sieht die Situation mit "eigenen Augen", ist mittendrin und ärgert sich über den Verkäufer, der "jetzt noch was will"! Anders die Situation als Regisseurin: Sie sieht sich selbst im Bild und kann überlegen, wie sie am besten mit diesem unerwarteten Besuch fertig wird!

Nicht jeder Schuh paßt!

"Da muß ich mich zurücknehmen, da bin ich nicht mehr bei mir!" Man ist da und doch nicht da! Am deutlichsten läßt sich diese sogenannte Regisseurposition innerlich erleben, wenn wir in eine Beobachterhaltung gehen und uns auch als Beobachter fühlen. Ein Verkäufer, der sich als gewissenhafter Beobachter und Zuhörer dem aufgebrachten Kunden zuwendet, kann sich nur neugierig und nicht ärgerlich fühlen.

Der Weise lehrte seine Jünger: Ein Erlebnis voll erleben! Wenn's schief geht, kann es sein, daß der gestreßte Kunde einen Sündenbock sucht! Ob er ihn findet, hängt von der Fähigkeit des Verkäufers ab, sich den Schuh des Partners und Helfers anzuziehen und nicht den des Bösewichtes oder des Sünders!

Nur wer die Fähigkeit besitzt, in einer schwierigen Situation neben sich zu stehen und sich als Regisseur wieder in ein Erlebnis der eigenen Spitzenform zu bringen, hat die Fähigkeit, seinen Körper und seinen Geist vor negativen Gefühlen und Einflüssen zu schützen. Nur wer die Fähigkeit hat, positive Situationen voll zu erleben, hat die Chance zu wirklichem Reichtum. In Ihrem Leben wird es immer wieder Kunden geben, bei denen es ratsam ist, sich wie ein Regisseur zu verhalten, und andere, bei denen man ganz selber sein kann!

Machen Sie es nicht so wie Eulenspiegel, der dann lachte, wenn er bergauf kletterte, und immer dann weinte, wenn es bergab ging.

Gefragt, warum er denn weine, wenn es bergab ginge, sagte er: "Wenn es bergab geht, graut mich schon wieder der Aufstieg, wenn es aber bergauf geht, freue ich mich schon auf das leichte Bergabgehen". Er war immer Regisseur und hat weder bergab noch bergauf voll erlebt.

Die Freiheit beginnt im Kopf!

Denken Sie einmal an ein Ziel, das Sie mit einem Kunden, der als "schwierig" gilt, erreichen wollen. Manche werden "ganz klar" ein Bild sehen können, andere hören "verständlicherweise", wenn der Chef sie lobt, und wieder andere fühlen schon die "Streicheleinheiten" der Kollegen, wenn sich der Erfolg einstellt.

Jeder Gedanke, wie z.B. die Freude, ein Ziel erreicht zu haben, erleben wir durch unsere fünf Sinne. Unsere Sinne sind es also, die die Hauptarbeit leisten. Nicht nur, daß wir über Augen, Ohren und über unseren Tast-, Geruchs- und Geschmackssinn die Welt erleben, sondern wir speichern diese Sinneseindrücke als Erlebnisse, um zukünftigen Erlebnissen einen Sinn zu geben. Wir können uns beispielsweise an ein früheres Lob eines Kunden erinnern, es innerlich noch einmal hören und uns so positiv stimmen, auch wenn der Kunde gerade sauer ist! Vielleicht können wir uns auch noch an die einzelnen Worte und bildlich an die Situation erinnern, als der Kunde zufrieden war. Je intensiver wir uns an gute Erlebnisse erinnern, desto schneller arbeiten beide Gehirnhälften wieder zusammen und umso energievoller werden wir (siehe Grafik).

Jeder von uns schaltet ständig, oftmals allerdings unbewußt, um, und erlebt Situationen wie jener Weise, ist mittendrin, um dann wieder eine Situation mit innerem Abstand vor dem geistigen Auge ablaufen zu lassen. Tagträume sind eine Form der Wechselschaltung, die unser Gehirn fast automatisch macht, um positive Erlebnisse auszukosten und negative als Regisseur in eigener Sache zu bewältigen. Diese Tagträume laufen bei einigen von uns bewußter ab als bei anderen. Wichtig ist, daß die Tagträume uns beide Gehirnhälften aktivieren!

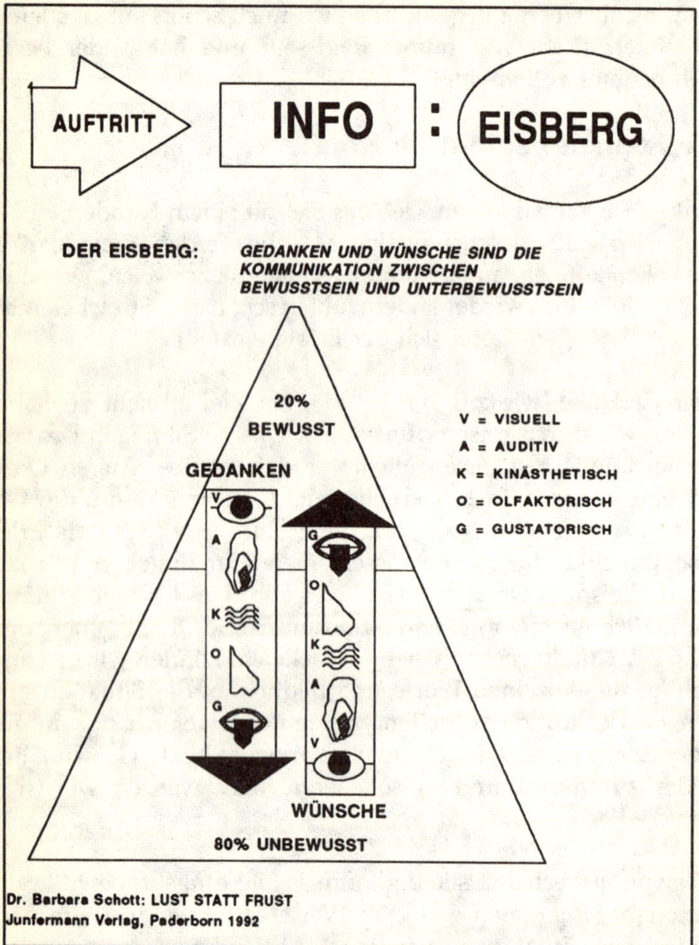

***Abb.** 8 Gedanken und Wünsche werden in Form von "5-Sinnen-Videos" im Gehirn kodiert.*

Vielleicht haben Sie folgende Situation auch schon erlebt: Rückreiseverkehr auf der Autobahn! Der Öffentliche Dienst streikt. Die Hinfahrt mit dem eigenen Auto zu Ihrem Kunden dauert viel länger als sonst. Endlich stehen Sie vor dem Fahrstuhl, der Sie gerade noch rechtzeitig zu Ihrem Termin bringt. Die Fahrstuhltür geht auf, und - Nutzlast 6 Personen - , 5 sind bereits drin. Einer raucht eine Zigarette. Sie steigen ein, gerade noch geschafft! Plötzlich bleibt der Fahrstuhl stecken. Sie können jetzt Ihrem Ärger Luft machen und rumschreien und auf alle Knöpfe der Fahrstuhlbedienung hämmern. Nur, dabei verlieren Sie all die Fähigkeiten und die Energie, die Sie benötigen, um das Problem zielorientiert und kreativ zu lösen. Es geht auch anders: Sie werden Ihr eigener Regisseur und geben sich selber gute Tips, wie diese Situation zu einem guten Ende kommt! Um sich aufzubauen nehmen Sie Abstand: Sie sehen sich, wie Sie kompetent die Probleme Ihres Kunden lösen oder, wie Sie am Wochenende mit Ihrer Familie ins Grüne fahren (ohne Stau), spüren, wie Sie tief ein- und ausatmen, fühlen die Vorfreude. Sie spüren innerlich immer intensiver, wie gelassen Sie werden. Sollten Sie allerdings merken, daß Ihnen die Warterei auf den Fahrstuhlnotdienst trotzalledem auf die Nerven geht, legen Sie sich einen neuen aufregenden Film ein! Denken Sie vielleicht diesmal an Ihr schönstes Fahrstuhlerlebnis. Das kann ein lustiges Gespräch mit einer Unbekannten gewesen sein, ein aufregender Duft einer Nachbarin, oder gar ein kleiner Flirt! Unser Geist ist zu kostbar, um ihn unter Streß zu setzen!

Die Freiheit beginnt im Kopf! Wir können entscheiden, ob wir in einer Situation negative oder positive Gedanken und Gefühle erleben wollen! "Unser Leben ist das, was unsere Gedanken aus ihm machen". Diese Weisheit des Römers Marc Aurel können wir gerade im Verkauf nutzen!

Wer nicht genießt, wird ungenießbar!

Ein Verkäufer, der auf seinem Weg zu seinem schwierigsten Kunden ist, wird gut daran tun, sich nicht nur an sein letztes unangenehmes Verkaufsgespräch zu erinnern, sondern geistig Abstand zu nehmen, indem er in seinem Gehirn Bilder, Geräusche, Gefühle so wahrnimmt, als ob er sich selbst als Regisseur in dem Verkaufsgespräch zusieht. Als Regisseur ist es leicht sich zu erinnern, wie der Kunde auf bestimmte Verkaufsargumente reagierte. Auf dem Weg zu diesem schwierigen Kunden ist es deshalb günstiger, sich vorher von der letzten negativen Verkaufssituation zu lösen und sich auf die zukünftige Verkaufssituation einzulassen und sich mit allen Informationen für einen Erfolg auszustatten. Dabei versetzt der Verkäufer sich in diese zukünftige Situation "mitten hinein". Er ist mittendrin in seinem Zukunftsfilm: "Mein Erfolg bei Kunde X". Er selbst sitzt vor dem Kunden, sieht ihn, hört ihn, spürt seine Stimmung. In dieser zukünftigen Situation setzt der Verkäufer all die wichtigen Erkenntnisse ein, die er zuvor gewonnen hat, als er die vergangenen früheren Verkaufssituationen als Regisseur nochmals erlebt hat. Er spürt, wie es ist, bei diesem schwierigen Kunden gut vorbereitet, neugierig und gelassen herauszufinden, welches Problem er lösen kann. Im Normalfall haben wir vier Wahlmöglichkeiten (siehe Grafik):

Pos. 1 Spiel:
Spielen bedeutet, wir sind voll dabei! Mit all unseren 5 Sinnen nehmen wir alles auf, wir möchten keinen Moment missen. In dieser positiven Situation sind wir "mittendrin".

Pos. 2 Verpaßt!
"Mir wird schon einfallen, was nicht richtig ist, freuen Sie sich nicht zu früh!" Wer immer danach sucht, was nicht ist, erlebt auch Situationen der Zielerreichung als Regisseur, der weiter zur Leistung antreibt. Man vergißt Erfolge zu feiern! Und wer Erfolge nicht genießt, wird ungenießbar!

Pos. 3 Kampf!

Kampf bedeutet, daß wir in einer negativen Situation "mittendrin" sind. Der Kunde hat sich geärgert, beschwert sich, überprüft immer wieder Konditionen, die schon abgehandelt waren. Position drei heißt Flucht oder Angriff! Man wird zum Ankläger oder setzt sich auf die Anklagebank und wird sich als Opfer fühlen! Wer sich jeden Schuh anzieht, wird überflüssige Wege gehen, so eine Volksweisheit!

Pos. 4 Reflektiert!

Seien Sie bei ungeplanten negativen Ereignissen Ihr eigener Regisseur und Ratgeber! Nehmen Sie Abstand! Genießen Sie, sich selbst in dieser Situation zu sehen. Ähnlich, wie es der Verkäufer macht, der in einem Verkaufsgespräch seine aufkeimende Enttäuschung spürt, weil der Kunde nicht erwartungsgemäß reagiert. Der Verkäufer sieht sich selbst quasi in der Rolle des Regisseurs für seine eigenen Verkaufsgesprächsfilme und gibt dem Schauspieler, dem Verkäufer, Anregungen zur Lösung des Problems.

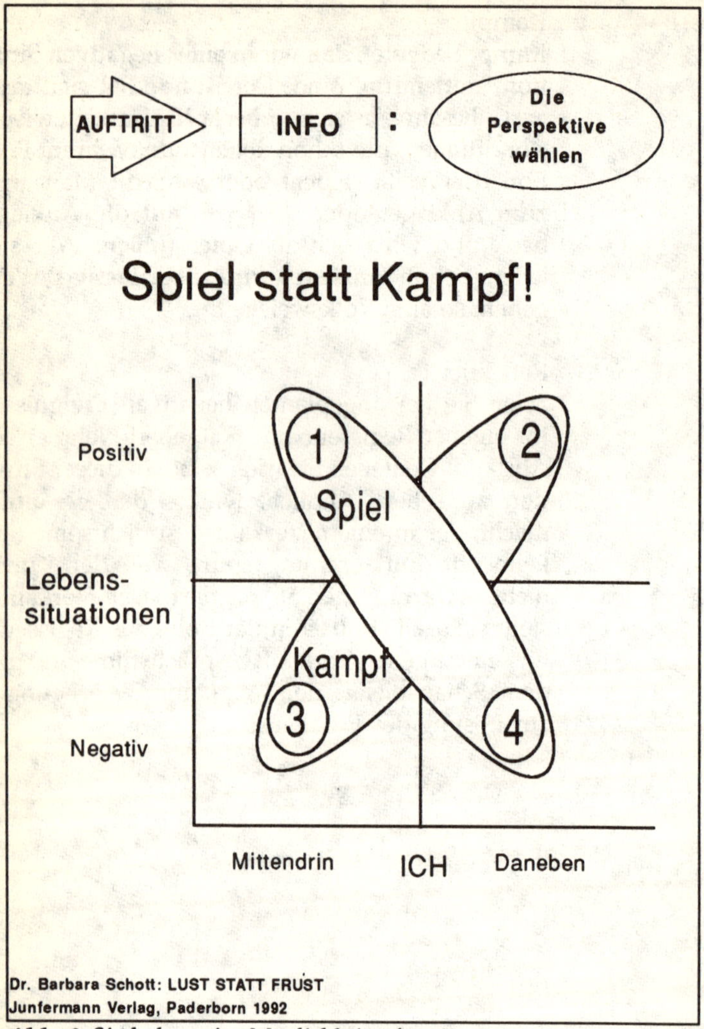

***Abb. 9** Sie haben vier Möglichkeiten!*

Diese Fähigkeit, blitzschnell Positives voll auszukosten und Negatives als Lernchance als Regisseur in eigener Sache zu betrachten, ermöglicht es Ihnen, gut drauf zu sein wenn's schief geht! Wer sich von dem Ärger der Mitmenschen anstecken läßt, wird fremdbestimmt. Wollen Sie das? Marlene Dietrich drückte das so aus: "Ich würde alle Fehler meines Lebens wieder machen, nur früher, so daß ich sie besser genießen kann!"

Freuen Sie sich auf den nächsten Ärger, und genießen Sie ihn mit Ihrer Fähigkeit, gerade dann gut drauf zu sein!

Fazit:

Erinnern Sie sich noch an unsere Frage?

Meine Antwort jetzt:

____

____

____

____

Meine persönlichen Erkenntnisse:

____

____

____

____

Wann und bei welchem Kunden wende ich das an?

Name des Kunden: ____________________

Datum:

FRAGE:

Wie reagieren Sie auf offenbare Mängel und Fehler?

Was halten Sie für zutreffend?

- ○ Ich suche den Schuldigen.
- ○ Ich sorge dafür, daß der Fehler nicht wieder vorkommt.
- ○ Ich ärgere mich über mich selbst.

Ihre Erfahrung:

____

____

____

____

Mangel als Chance

Ohne Mangel keine Chancen, ohne Fehler keine Veränderungen, ohne Grenzen kein Wachstum! Die Basis für Spitzenleistung in der Marktwirtschaft ist also das Lernen aus den ersten Fehlern, also eine neue Sicht von Mängeln als Lern- und Verbesserungschancen! Robert Dilts hat der NLP-Welt sozusagen den Blick für die Chancen neu geöffnet und auch gleich das Handwerkszeug mitgeliefert! Immer wenn unsere innere Landkarte zur Bewältigung der Realität nicht ausreicht, führt die Erweiterung und Ergänzung der eigenen Landkarte zu neuen Chancen. "Mach Dir den Tag auch niemals schwerer - ist er nicht Freund, so ist er Lehrer!"

Mit NLP kann jeder an dieser Volksweisheit teilhaben. Zwei Schritte sind dazu nötig:

- Als Regisseur den Mißerfolgsfilm ansehen und als eigener Ratgeber die Lernchance entdecken. Das ist auf sechs Ebenen möglich:

    - Umwelt
    - Verhalten
    - Fähigkeiten
    - Glaube
    - Identität
    - Mission

Und

- als Hauptperson mittendrin in einem neuen Erfolgsfilm mitwirken, indem Sie innerlich erleben, wie Sie all Ihre Chancen wahrnehmen und mit neuer Fähigkeit die alte Situation anders und kreativer lösen.

Ist es wirklich so einfach? Wenn ich einmal sehr sauer bin, gelingt es mir oft nicht, innerlich Abstand zu halten. Was dann? Da es immer darum geht, die beiden Großhirnhälften optimal auszubalancieren, gibt es sowohl direkte körperliche Hilfen als auch geistige Denkanstöße.

Ihr Lieblingsstreß wird zur Lernchance: Ihr Kunde sagt:

____

Verkäuferstreß	**Verkäuferchance**
Umwelt	
____________________	____________________
Verhalten	
____________________	____________________
Fähigkeit	
____________________	____________________
Glaube	
____________________	____________________
Identität	
____________________	____________________
Mission	
____________________	____________________

Fazit:

Erinnern Sie sich noch an unsere Frage?

Meine Antwort jetzt:

Meine persönlichen Erkenntnisse:

Wann und bei welchem Kunden wende ich das an?

Name des Kunden:

Datum:

FRAGE:

Wie gut können Sie kommunizieren?

Bitte kreuzen Sie das an, was Ihnen am meisten entspricht:

- ○ Ich bin redegewandt.
- ○ Ich kann gut zuhören.
- ○ Ich kann mich gut einfühlen.

Ihre Erfahrung:

____

____

____

____

Unsere fünf Sinne sind es!

Was haben Sie angekreuzt? Wir kommunizieren über unsere fünf Sinne. Gut kommunizieren heißt dabei, gut ausgebildete Sinne zu besitzen und zu nutzen. Gibt es ein Sinnesorgan, das Ihnen besonders wichtig ist, um der Welt um Sie herum einen Sinn zu geben?

- Sind Sie ein Augenmensch? Dann wird für Sie vieles an Wünschen "offensichtlich" sein. Sie wollen ein klares Bild, bevor Sie sich in Bewegung setzen!

- Wollen Sie Dinge lieber hören und bereden, um sie besser zu verstehen?

- Werden Sie eher etwas ausprobieren als sich durch Fragen zu orientieren oder Informationen zu sammeln, bis Sie durchblicken?

Und Sie werden schon erraten haben, daß das, was Sie zur Orientierung am meisten schätzen, was Ihnen also Energie spart bei der Orientierung, daß Sie das auch an Ihrem Partner schätzen! Wenn man Sie auf dem falschen Kanal anspricht, müssen Sie mehr Energie einsetzen, um sich zu orientieren, und Sie werden jemanden vorziehen, der Ihrem Gehirn "energieschonend" begegnet!

Unsere fünf Sinne leisten die Arbeit der Informationsaufnahme. Davon sind drei besonders wichtig: Sehen, Hören und Fühlen. Die beiden übrigen Sinneskanäle, Riechen und Schmecken, werden so speziell eingesetzt, daß NLP sie zusammen mit dem Tastsinn unter dem Kunstnamen Kinästhetik zusammengefaßt hat.

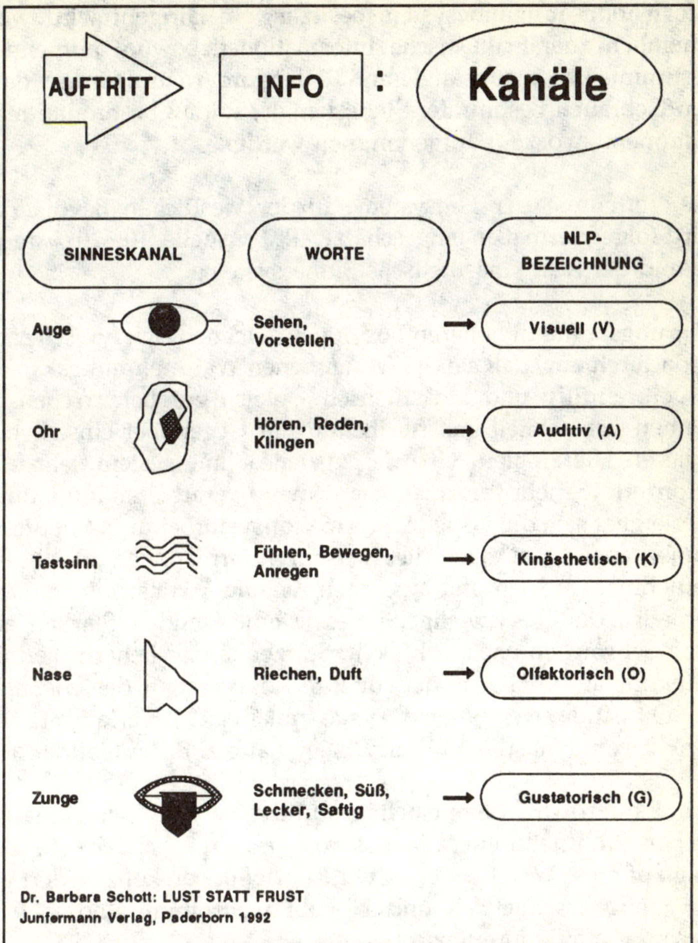

Abb. 10 Über unsere 5 Sinne nehmen wir Informationen auf

Das, was wir wahrnehmen, ist also immer durch einen bestimmten Sinneskanal geprägt und durch diesen auch gefiltert. So wird ein Architekt oder Designer ein besonders ausgebildetes visuelles

Informationsaufnahmesystem besitzen, ein Dirigent wird wahrscheinlich zuerst akustische Informationen bewußt aufnehmen. Bestimmte Lebensumstände und Rollen fordern und fördern daher den Gebrauch bestimmter Sinneskanäle, so daß bestimmte Informationen bevorzugt aufgenommen werden.

Die Verteilung der Leitsysteme in der westlichen Bevölkerung wird folgendermaßen eingeschätzt: 40 % visuelle, 10 - 20 % auditive und der Rest kinästhetische Sinnessysteme.

Führungskräfte in höheren Positionen zeichnen sich typischerweise dadurch aus, daß sie die wesentlichen Wahrnehmungskanäle - visuell, auditiv und kinästhetisch - gleich gut beherrschen. Sie können sich schnell und flexibel auf ihr Gegenüber einstellen. In höheren Hierarchien wird das visuelle Sinnessystem sehr stark gefordert. Je mehr Informationen jemand verarbeiten muß, um so eher eignet sich die visuelle Informationsverarbeitung. Mit diesem Sinneskanal kann man die meisten Informationen gleichzeitig aufnehmen, ordnen und aus ihnen Zielbilder konstruieren. Deutlich wird, daß das jeweilige Sinnessystem besondere Stärken, aber auch Schwächen nach sich zieht. Spitzenkönner beherrschen den Sinneskanal am besten, der für ihre Könnerschaft der wichtigste ist. Oft sind zwei Sinnessysteme miteinander verknüpft. Man spricht von Synästhesie. Walt Disney hatte z. B. "Fühlbilder".

Man kann sowohl den visuellen, auditiven als auch den kinästhetischen Wahrnehmungskanal stärken, indem man sich eine Zeitlang auf diese betreffende Art der Informationen konzentriert und sie ganz ausschließlich und bewußt wahrnimmt und viel auf diesem Kanal kommuniziert.

Ganz besonders wichtig ist, daß es äußere Hinweise für das bevorzugte Sinnessystem des Partners gibt. Es sind:

- die Sprache,
- die Augenmuster und
- die Körperbewegungen.

Wenn etwas sehr schnell gehen muß, wie z. B. die Orientierung in einer ersten Begegnung, benutzen wir die Sinne, die wir am besten beherrschen.

In den ersten 7 Sekunden bei der Auswahl der ersten 7 Informationen benutzen wir unseren Sinneskanal, auf den wir uns am besten verlassen können, den wir am besten beherrschen.

Welches ist mein bevorzugter Sinneskanal, und ist es derselbe wie der meines Gegenübers?

Eines ist sicher: der selektive Wahrnehmungsfilter läßt eher Informationen des bevorzugten Sinneskanals durch als andere. Das heißt, ein Augenmensch wird sich in der ersten Begegnung seine Informationen zur ersten Orientierung aus dem auswählen, was er sieht. Entsprechend achtet ein Ohrenmensch - unbewußt natürlich - zuerst vielleicht auf die Sprache, auf den Sprechrhythmus, auf die Tonhöhe, ehe er sein Gegenüber von der äußeren Erscheinung her wahrnimmt.

Anders ist es auch bei dem Gefühlstyp, den wir auch Körpertyp nennen, weil er zuerst körperlich spürt, ob es ihm in der Anwesenheit des anderen wohl in seiner Haut ist. Erst danach nimmt er Informationen auf über das Äußere seines Gegenübers und über das, was man hören kann. Eines spielt hier auch noch eine Rolle: Wenn ein bestimmter Sinneskanal auf die Informationssammlung konzentriert ist, sind die anderen Sinneskanäle ausgeschaltet. Wir kennen das: Wenn wir sehr vertieft lesen, versinkt z.B. die Welt um uns herum, wir hören nichts mehr, wir merken erst nach einiger Zeit, wenn uns z.B. der Fuß einschläft. Beim Gefühlstyp spielen auch der Geruchs- und der Geschmackssinn eine besondere Rolle im Vergleich zu den anderen Sinneskanälen Sehen und Hören.

Zur Gestaltung des ersten Eindrucks ist es also wichtig, daß wir das System unseres Gegenübers blitzartig erkennen und uns mit unseren Signalen darauf einstellen, so daß die Selektionsfilter möglichst viele der Informationen, die ich senden möchte, zum Gehirn durchlassen.

Senden Sie auf allen Kanälen?

Eine sichere Methode, alle Chancen des ersten Eindrucks wahrzunehmen, ist die Benutzung aller drei Sinneskanäle. Allerdings ist es effektiver, den bevorzugten Sinneskanal meines Gegenübers blitzschnell erkennen zu können und mich in meiner Sprache und in meinem Äußeren darauf einzustellen. Wie geht das vor sich? Eines ist deutlich: Für Personen mit primär visueller Orientierung ist meine äußere Erscheinung mein wichtigstes Instrument, um den gewünschten ersten Eindruck zu erzeugen. Ein Augenmensch nimmt alles als Bild um sich herum wahr, und er wird mich erleben über mein Äußeres, meine Kleidung, die Farben, die ich gewählt habe, meine Haltung, meine ganze äußere Erscheinung. Je mehr er von meiner äußeren Erscheinung eingenommen ist, um so positiver wird er auf meine Wünsche eingestimmt.

Ist es wichtig, sich auf Augenmenschen einzustellen? Das hängt in der Berufswelt sehr stark von der Art der Tätigkeit ab. Es läßt sich generell sagen, daß Manager in höheren Positionen sehr ausgewogen in der Benutzung aller drei wichtigen Sinneskanäle Sehen, Hören, Fühlen sein müssen. Höhere Führungspositionen fordern einen immer höheren Grad an Visualisierungsfähigkeit: "Visionäre sind gefragt", so war jüngst ein Bericht in der Wirtschaftswoche über den Topmanager der Zukunft überschrieben. Wenn das so ist, dann werden Augenmenschen, deren bevorzugter Sinneskanal im Einklang mit den Managern der höheren Führungsebenen liegt, am ehesten Karriere machen, und das läßt sich auch belegen.

Das Fazit für das Management bisher ist: Karrieren hängen oft von Augenmenschen in hohen Führungspositionen ab, bei denen Sie nur eine Chance haben, wenn Sie von der ersten Minute an buchstäblich in ihr Bild passen. Ehe Sie die Möglichkeit haben, mit Worten auf Ihre inneren versteckten Fähigkeiten hinzuweisen, hat Ihr Gegenüber die wichtigen 7 Informationen des ersten Augenblicks aus Ihrem äußeren Erscheinungsbild entnommen und seine eigenen Rückschlüsse gezogen. Eine Möglichkeit, diese Rückschlüsse zu beeinflussen, ist vertan! Es gilt, diese Chance zu nutzen!

Sprechen Sie die richtige Sprache?

Die Art unserer Wahrnehmung - visuell, auditiv oder kinästhetisch - bestimmt auch die Speicherungen der Informationen in unserem Gehirn. Das heißt, der visuelle Partner wird sehr viel mehr Bildhaftes wahrnehmen als der auditive, und jeder hat in seinem bevorzugten Sinnessystem ein größeres Differenzierungsvermögen als in den anderen Wahrnehmungskanälen. Menschen mit kinästhetischem Informationssystem erleben die Welt durch einen gefühlsmäßigen Filter. Für sie ist Schwingung, Nähe, Wärme, Harmonie wichtiger als ein klares Bild. Der Ohrenmensch braucht Referenzkunden, Testimonials, Experten, die ihm das Wesentliche berichten und ihm erklären, um was es geht.

Das hat die beiden Forscher Bandler und Grinder darauf gebracht, die Sprache genauer zu untersuchen und genau zu analysieren, welche Art Verben, Adverben, Substantive etc. jemand mit einem bestimmten Sinnessystem verbindet. Und, was nicht überraschend ist, die Sprache spiegelt die Benutzung der Sinneskanäle wider. Man spricht von Vorstellungen (klaren oder unklaren Bildern) und

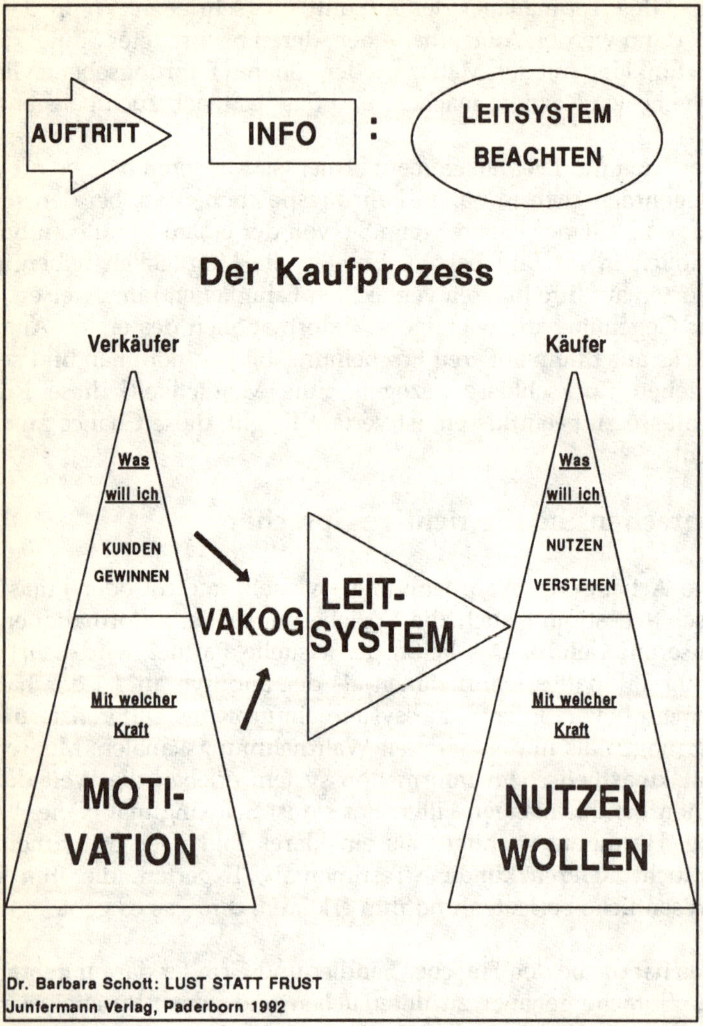

***Abb. 11** Leitsystem beachten: In die Sinneswelt des Kunden "eintauchen"!*

meint die bildhafte Wahrnehmung und Gedankenverarbeitung. Es ist etwas unverständlich oder unerklärlich, d. h. man braucht aufklärende Worte (auditives Informationssystem). Man fühlt sich unsicher oder unwohl und braucht Informationen, die die gefühlsmäßige Sicherheit erhöhen (kinästhetisches Informationssystem). Etwas "schmeckt einem nicht" oder etwas "stinkt". Obwohl es sich um Äußerungen im übertragenen Sinne handelt, geht es doch um die Benutzung dieser betreffenden Sinneskanäle, also um Schmekken und Riechen.

Sagt der Verkaufsleiter z. B. zu seinen Verkäufern: "Sie müssen sich das Ziel ganz plastisch vorstellen, dann werden Ihnen auch die passenden Strategien und Maßnahmen zur Zielerreichung einfallen!" Und die Mitarbeiter antworten: "Wir finden, daß das Ziel unrealistisch ist und fühlen uns bei der ganzen Zielplanung nicht wohl."

Hier ist deutlich, warum hier keine gemeinsame Spitzenleistung zustandekommen kann: Die Partner senden auf verschiedenen Kanälen! Der Verkaufsleiter auf dem visuellen und die Verkäufer auf dem kinästhetischen Kanal. Die Auflösung liegt hier darin, daß der Chef durch Befragung feststellt, welche Art Informationen seine Verkäufer brauchen, um sich wohler zu fühlen mit den Zielen. Wenn er dominant visuell ist, wird es ihm schwerfallen, sich auf den gefühlsmäßigen Sinneskanal der Verkäufer einzustellen, und man kann sich vorstellen, wie mühsam diese Kommunikation ist und wie leicht sie auch in Angriff ausarten kann! Der Wortschatz, und zwar der eigene und der der Partner, gibt Aufschluß über das bevorzugte Sinnessystem.

Welches sind Ihre Lieblingsworte und -sätze? Benutzen Sie lieber visuelle, auditive oder kinästhetische Worte? Vielleicht haben Sie jetzt Lust, Ihren Sprachschatz zu überprüfen:

Visuelle Sprache:

> Alle Adjektive, Verben oder Substantive, die mit bildhaften Vorstellungen verbunden sind: Sehen, beobachten, vorstellen, um einige zu nennen. Auch alle Hinweise auf Farben, Formen, Design, eben auf alles das, was man nur sehen kann, gehören zum visuellen Leitsystem. "Was verstehst du unter dem Begriff 'Morgengrauen'", fragt der Lehrer den Schüler. "Das ist das Gefühl, wenn ich morgens aufwache und weiß, daß ich zur Schule muß". Ob der Lehrer wohl nach diesem Gefühl oder eher nach einer bildlichen Vorstellung gefragt hat? Eines ist deutlich: Worte wie "verstehen", "glauben", "denken" sind unspezifisch und geben nicht wieder, welchen Sinneskanal jemand benutzt. Das läßt den Partner in der Auswahl seiner Sinneskanäle völlig frei.

Auditive Sprache:

> Alle Worte, die mit dem Hören verknüpft sind: sprechen, klingen, antönen. Dazu gehören natürlich auch ganze Sätze wie "Klappern gehört zum Handwerk", oder "aufs Wort gehorchen".

Kinästhetische Sprache:

> Worte, die sich auf das Fühlen beziehen, wie spüren, anstrengen, bewegen. Ganze Sätze wie "mir lacht das Herz", "der Atem stockt" gehören auch dazu.

Die übrigen beiden Sinneskänäle sind Riechen (olfaktorisch) und Schmecken (gustatorisch).

Eine gute Übung zur sprachlichen Wahrnehmung ist es, sich selber zuzuhören und festzustellen - z.B. durch Abzählen -, wie oft man Worte verwendet, die auf ein bestimmtes Sinnessystem schließen lassen. Die Sprachanalyse ist ein wichtiges Mittel bei der Analyse der unbewußten Verhaltensweisen von Spitzenkönnern. Hier hat das NLP durch den Linguisten Grinder seine Ausgangsbasis genommen.

Zum Erkennen von Spitzenleistungen empfiehlt sich ein schrittweises Vorgehen:

1. Schritt: Stellen Sie fest, für welche Führungsaufgaben Sie welches Sinnessystem automatisch benutzen.

2. Schritt: Sammeln Sie bewußt Worte für die von Ihnen nicht so stark bevorzugten Sinneskanäle und versuchen Sie, diese Worte häufiger zu gebrauchen.

3. Schritt: Machen Sie es wie manche Führungskräfte, die sich vornehmen, einen Tag lang ihren visuellen, tags darauf ihren kinästhetischen und dann den auditiven Sprachschatz besonders zu fördern.

Es bedarf einiger Übung, um in Ihren Gesprächen sowohl auf den Inhalt als auch auf die Sprache zu achten.

Fazit:

Erinnern Sie sich noch an unsere Frage?

Meine Antwort jetzt:

Meine persönlichen Erkenntnisse:

Wann und bei welchem Kunden wende ich das an?

Name des Kunden:

Datum:

FRAGE:

Wie stellen Sie sich auf Ihre schwierigsten Kunden ein?

Was halten Sie für zutreffend?

- ○ Ich gehe einfach hin und warte ab.
- ○ Ich bereite mich besonders gut vor.
- ○ Ich denke mir immer eine Überraschung aus.

Ihre Erfahrung:

____

____

____

____

Wie wir denken, was wir denken!

Wenn das so einfach wäre ...!

"Ich muß mir immer wieder einen Ruck geben, um meinen inneren Schweinehund zu überwinden und rauszugehen!", so charakterisieren viele Verkäufer ihren Berufsalltag. Was geht hier im Gehirn des Sprechers vor sich?

Diese und ähnliche Äußerungen scheint jeder von uns inhaltlich zu verstehen, und doch hat erst das NLP die Worte ernst genommen und erforscht, was genau im Gehirn abläuft! Wir geben der Welt einen Sinn, indem wir bestimmte Informationen über unsere Sinnesorgane aufnehmen und sie durch das, was wir bereits erlebt und gelernt haben, "verstehen". Wenn wir uns zurückerinnern an bestimmte Erlebnisse, können wir uns von diesen Erlebnissen Bilder machen, wir können uns auch noch an Töne, Worte, Geräusche, Musik erinnern, und manchmal auch an Gerüche und den Geschmack, und erleben die gleichen Empfindungen wie damals. Zwei Erkenntnisse sind dabei wichtig:

- Für unsere neurologische Verarbeitung der Informationen ist es gleichgültig, ob die Impulse von außen kommen oder innen als erinnerte Erlebnisse aufgerufen werden, es sind die gleichen Nerven!

- Um der Informationsflut Herr zu werden, blenden wir Informationen aus, verzerren oder generalisieren sie.

- Unsere Einstellung zu einem Erlebnis, sei es innen oder außen, bestimmt dabei, wie diese Erlebnisse aussehen, sich anhören oder anfühlen.

Was wir immer schon suchten und heute besitzen, ist ein hirngerechtes Handbuch für Fragen, wie Informationen vom Gehirn aufgenommen werden, wie sie verarbeitet werden und wie sie unser Verhalten steuern. Da wir nur einen Bruchteil der möglichen Informationen pro Sekunde in unser Kurzzeitgedächtnis aufnehmen, stellt sich die Frage, wie wir filtern und was wir filtern! Obwohl wir ganz gesunde Augen haben, sind unsere Erinnerungen verschwommen. Obwohl z.B. sich das erfolglose Gespräch beim Kunden am hellichten Tag ereignete, sieht man alles schwarz! Der Kunde läßt telephonisch ausrichten, daß der Verkäufer den Zuschlag erhält, und das klingt wie Musik in den Ohren des Verkäufers. Obwohl der Vater eine normale Statur hatte, war er für Mozart ein "Übermensch"! Das Gehirn stellt sich bei der Erlebnisspeicherung anscheinend darauf ein, welche Gefühle von dem Erlebnis ausgelöst werden! Jede neu hinzukommende Information verändert diesen Eindruck. Was wir erinnern, hat oft wenig mit der Realität zu tun. Unsere inneren Filter sorgen dafür, daß wir statt 10^9 Informationen, die unser Gehirn verarbeiten könnte, nur eine bis 7 pro Sekunde bewußt verarbeiten, und diese erhalten auch noch eine andere Ausprägung und bestimmen damit die Erlebnisqualität aller nachfolgenden Ereignisse. Durch das NLP haben wir gelernt, daß unsere sprachliche Beschreibung wie "Das steht wie ein Berg vor mir", "Das überwältigt mich", "Ich muß etwas klären", "Ich besiege meinen inneren Schweinehund" wörtlich genommen werden können, denn vor dem inneren Auge und im inneren Ohr werden genau diese Erlebnisse aufgerufen.

Bandler, immer neugierig auf die Art, wie unser Gehirn am besten funktioniert, forderte seine Patienten auf, ihre Erfahrungen und Erlebnisse ganz genau zu beschreiben. Bildhafte Erinnerungen wurden dabei genau so beschrieben wie man gewöhnlich Bilder charakterisiert, nach Größe, Helligkeit, Farben. Genau so ließ er sich die inneren Stimmen, die erinnerten Worte und Töne wiedergeben nach Melodie, Rhythmus, Tonhöhe etc., ebenso wie die Gefühle und den Geruch und den Geschmack. Waren erinnerte Worte unangenehm laut, so bat er seine Patienten, den Ton innerlich einfach herunterzudrehen, und beobachtete, wie sich das Gefühl verbesserte. Ebenso forderte er sie auf, ihre inneren Bilder klarer, sonniger, freundlicher, heller, schwungvoller zu gestalten, und beobachtete wiederum, daß sich ihre Gefühle verbesserten. NLP entdeckte, daß wir unsere Erlebnisse beschreiben, als ob wir z.B. eine Galerie besuchen und unsere Hörerfahrungen wiedergeben, als ob wir in einem Konzert oder in einem Sprechtheater genau zuhören. Besonders gut gelungene Kundenbesuche sind ebenso präsent wie Mißerfolge. Wenn wir auch immer wieder Tage haben, an denen etwas schief läuft, so wissen wir anscheinend unbewußt doch um unsere Erfolgsbilder und wissen auch, wie wir vorbereitet sein müssen, um Erfolge zu wiederholen!

Interessant ist hierbei die Tatsache, daß wir unsere Erinnerungen im Raum um uns herum verteilen. Die meisten von uns haben eine ganze Galeriewand, auf der jede Erinnerung eine Position als Bild einnimmt und in bezug auf die Entfernung vom Körper, auf die Größe, auf die Helligkeit, auf die Strukturiertheit etc. beschrieben werden kann. Ebenso haben wir unsere Tonquellen im Raum positioniert und können bei Erinnerungen ziemlich genau sagen, von welcher Seite diese Töne auf uns zukommen! Auch Gefühle, Geruch und Geschmack können wir lokalisieren und genau beschreiben.

Für den Verkauf eignen sich besonders 3 Ausprägungen von Bildern:

Bildgröße,
Bildhelligkeit,
Entfernung vom Körper bzw. Positionierung von der Körperachse.

Durch Beobachtung von Augenbewegungen und von Gestiken stellte man fest, daß unbewußt, jedenfalls diejenigen, die mit den Händen gestikulieren, ihre Bildpositionen durch ihre Handbewegung im Raum ausweisen. Man kann also selber mit der Hand seine Bildposition ausloten und genau feststellen, daß bestimmte Galeriepositionen für bestimmte Erfahrungen reserviert sind.

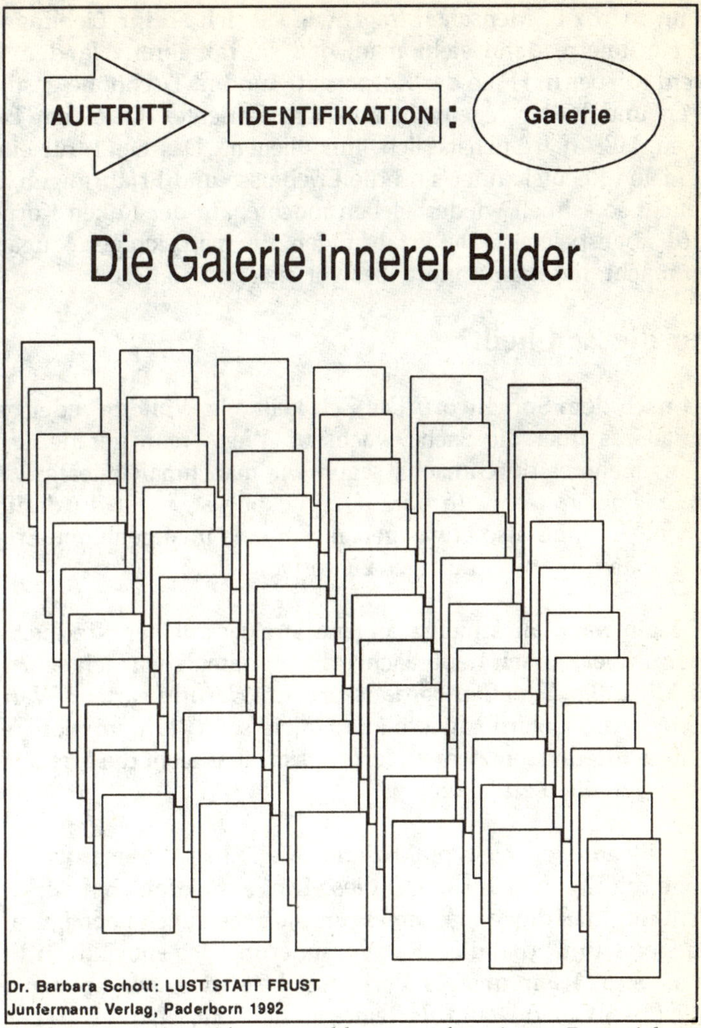

Abb. 12 *Innere Bilder auswählen, um das eigene Potential zu entfalten.*

Wenn man z.B. Menschen fragt, wie sie sich an ihr Lieblingsgericht erinnern, dann sieht man, daß sie mit ihren Händen vor ihrem Körper in Höhe der Körpermitte und in Tischhöhe gestikulieren und Bilder regelrecht abtasten. Gerichte, die einen "kalt" lassen, läßt man buchstäblich "links liegen". Das heißt, für einen normalen Rechtshänder sind die Erlebnisse und Erfahrungen, die er nicht so schnell wiederbeleben möchte, auf der linken Körperhälfte abgespeichert. Die Erfahrungen, die man sich gern zugänglich macht, hat man unmittelbar vor sich positioniert.

Nur die Zeit heilt?

Frei nach dem Sprichwort "Die Zeit heilt alle Wunden" oder man "Läßt Gras über die Sache wachsen". Wenn man gerade etwas Unangenehmes durchmacht, sagen wir manchmal unter großem Streß: "Später, wenn du darauf zurückblickst, wirst du darüber lachen!" Es muß also etwas geben, um eine unangenehme Erfahrung später in etwas Lustiges zu verwandeln.

Ich kann mich an schiefgegangene Streiche meiner Kindheit erinnern, über die ich heute lachen kann, damals war ich sehr unglücklich! Bandlers Standardausspruch: Warum warten? Warum das, was das Gehirn sowieso kann, nicht sofort tun, um von belastenden Erlebnissen zwar zu lernen, sich aber nicht die Freude am Leben vergällen zu lassen!

"Überall auf der Welt praktizieren Menschen diese großartigen Dinge mit ihrem Gehirn, und diese Dinge funktionieren wirklich. Nicht nur, daß die Menschen es tun, sie geben auch noch bekannt, wie sie es tun!" (Bandler, R.: "Veränderung des subjektiven Erlebens", S. 52.) Für uns als Verkäufer heißt das, wir können mit Hilfe unser Galeriewand als Regisseur handeln, Chancen erkennen und neue Erfolgsfilme drehen.

Den inneren Schweinehund besiegen

Ein Verkäufer beschrieb sein Gefühl, "den inneren Schweinehund besiegen" so: Ich sehe meine Besuchsstatistik vor mir und höre die Stimme meines Chefs, die nach 6 Kundenbesuchen pro Tag fragt, und das Bild wird immer größer und heller und die Worte lauter, bis ich ein so mieses Gefühl habe, daß ich mich zum Kunden aufmache! Was hier beschrieben wird, ist eine Motivationsstrategie durch Angst, z.B. vor den Fragen des Vorgesetzten. Mit einem Ruck rückt sich dann das Bild des Kunden in die Mitte der Galerie und der Verkäufer fühlt sich motivierter, zum Kunden zu gehen als zu Hause zu bleiben.

Verkaufsgenies machen das anders. Sie motivieren sich durch innere Erfolgsbilder, die ihnen zeigen, was sie Schönes erleben, wenn sie mit dem Kunden kompetent verhandeln. Bei schwierigen Kunden orientieren sie sich an ihren Erfolgen der Vergangenheit, die sie in ihrer "Hirn-Galerie" aufrufen, machen sie noch bunter, lernen daraus, bereiten sich entsprechend vor und passen diese inneren Erfolgsbilder früherer ähnlicher Kundengespräche an die neue Situation an. Das machen sie sehr schnell und so lange, bis sie sich auf den Besuch auch bei den schwierigsten Kunden gut vorbereitet haben und sich darauf freuen. Vielleicht haben Sie Lust, sich sofort mit dieser Methode in gute Stimmung zu versetzen: Machen Sie die folgende Übung!

Schritt 1: Schließen Sie Ihre Augen, sehen Sie innerlich, wie Sie in welcher Stimmung im Augenblick dasitzen! Wenn es Sie unterstützt, schließen und öffnen Sie von Zeit zu Zeit die Augen und überprüfen Sie Ihr jetziges Bild, bis Sie innerlich auch ein Bild der gegenwärtigen Situation haben.

Schritt 2: Setzen Sie ein sehr kleines Bild ins Zentrum dieses Bildes! In diesem kleinen Bild sehen Sie sich selbst genau da, wo Sie jetzt sitzen, mit sehr viel mehr Freude am Leben.

Schritt 3: Dann überblenden Sie die Bilder: Machen Sie das kleine Bild von der Mitte her auf. Es ist wie ein special effect beim Fernsehen, wo ein neues Bild aus dem Zentrum erwächst und vollständig an die Stelle des ersten tritt.

Schritt 4: Treten Sie in das Bild, so daß Sie äußerlich sehen, was es jetzt in dieser neuen Stimmung zu sehen gibt, und fühlen Sie sich, als ob Sie tatsächlich dort wären.

Schritt 5: Sobald Sie in das Bild treten, erwächst ein anderes kleines Bild aus der Mitte, in dem Sie sich selbst dort sitzen sehen, wie Sie sogar noch mehr Freude am Leben haben.

Wiederholen Sie den ganzen Prozeß 10 mal, sehr schnell.

Vielleicht haben Sie ebenso Interesse, dieses Verfahren der inneren Vorbereitung auf schwierige Aufgaben, Kunden, Partner einmal auszuprobieren, nach dem Motto: Statt sich einen Ruck zu geben, sich lieber gleich auf etwas Verlockendes freuen!
Machen Sie gleich mit, suchen Sie sich einen ruhigen Platz:

Schritt 1: Auswahl eines Kunden, bei dem Sie sich bisher einen Ruck geben müssen - vielleicht gibt es schon Mißerfolge und "schwarze" schlechte Gefühle.

Schritt 2: Beschreiben Sie das innere Bild, den Film, ebenso die inneren Worte und Töne ganz detailliert entsprechend der Liste.

Abb. 13 *Innere Bilder überlappen lassen.*

Schritt 3: Verkleinern Sie das Bild, schieben Sie es nach links unten auf Ihrer inneren Galeriewand, machen Sie es schwarz/weiß und briefmarkengroß. Verändern Sie Ihre erinnerten Mißerfolgserlebnisse so lange, bis sie Lernerlebnisse werden und Sie sie mit einem neutralen Gefühl betrachten können.

Schritt 4: Das alte Mißerfolgsbild bleibt wichtig, um daraus ein neues Zielbild zu konstruieren, das gute Gefühle macht. Machen Sie sich ein Bild davon, wie Sie aussehen, wenn Sie Ihr Ziel bei diesem Kunden erreicht haben! Sehen Sie sich fähig, sehen Sie sich flexibel, sehen Sie sich humorvoll, und machen Sie dieses Bild farbig, bewegt, verändern Sie die Stimme, die Melodie und den Rhythmus, bis das Zielbild Sie buchstäblich anzieht.

Schritt 5: Da Sie jetzt ein anziehendes Ziel haben, brauchen Sie sich keinen Ruck mehr zu geben, sondern Sie können das ursprüngliche Bild, das jetzt dunkel, klein und links auf der Galeriewand positioniert ist, in einem Photoalbum ablegen. Stellen Sie sich Ihr Album mit "Mißerfolge = Erfolge" vor, das alle Erlebnisse erhält, zu denen Sie sich neue Zielbilder in die Galerie gehängt haben. Sie können hierher zurückkommen und immer wieder feststellen, wieviel Sie schon gelernt haben.

Es kann sein, daß Ihnen das Ganze zu einfach ist! Es ist auch einfach, die Gefühle durch die Veränderung der Erinnerungen zu verbessern. Oft höre ich das Argument: "Für solche Spielchen ist die Situation zu ernst!" Was sehen Sie innerlich, wenn Sie das Wort "ernst" hören? Was fühlen Sie? Ernsthaft bei etwas sein heißt, daß man sich so in eine Sichtweise versteift hat, daß man nur eine Wahrnehmung hat und eigentlich festsitzt. Humor ist ein guter

Weg, um aus dieser Situation herauszukommen. Sehen Sie das ernste Bild, verkleinern Sie es, machen Sie es dunkel, legen Sie es in Ihr Lernalbum und machen Sie ein großes Bild, wie Sie humorvoll, kreativ und voller Fähigkeiten Ihren Kunden Nutzen bieten!

Von sich selbst lernen

Nicht alle Ausprägungen von Bildern, Tönen, Gefühlen, Geruch und Geschmack sind gleich wichtig. Es gibt anscheinend kritische Eigenschaften der Erlebnisse, deren Veränderung die Erlebnisse intensivieren oder abschwächen. Durch diese kritischen Eigenschaften kann man herausfinden, was man in zukünftigen Situationen innerlich verändern kann, um diese Situationen erfolgreich zu bewältigen. Ein Ziel ist nichts anderes als ein solches Bild in unserer Galerie. Dabei handelt es sich um ein Bild, das uns aufgrund seiner Größe, seiner Helligkeit, seiner Positionierung im Raum, seiner Entfernung so gute Gefühle macht, daß wir uns unbewußt ständig für diese Ziele motivieren.

Interessant ist nun diese Technik der Vergleiche innerer Erfahrungen, wenn es darum geht, aus der eigenen Erfahrung zu lernen! In der Regel ist unsere Lernkultur so angelegt, daß wir aus Fehlern lernen, daß wir auf Fehler hingewiesen werden und eine Fehlervermeidungsstrategie entwickeln! In Bilder, Töne und Gefühle kodiert, bedeutet das, daß wir beispielsweise einen mißlungenen Kundenbesuch als ein sehr nahes, klares, großes Bild in unserer Galeriewand aufhängen, das uns daran erinnert, diesen Fehler nicht wieder zu begehen. Das ist in unserer heutigen, sich schnell wandelnden Zeit ein Verfahren, das dem schnellen Wandel nicht gerecht wird.

Autoren wie Gerken oder besonders Diehl in seinem Buch "Zeitintelligenz und Leadership" haben sich mit den Anforderungen moderner Lernprozesse auseinandergesetzt und festgestellt, daß die Furcht vor Fehlern uns regelrecht lähmt. Ganz im Gegenteil:

Es geht darum, möglichst viele Fehler zum ersten Mal zu machen und die Lernchancen dieser Fehler zu entdecken und zu verinnerlichen, um sich dem schnellen Wandel der Umwelt gezielt anpassen zu können. Anpassen heißt immer auch Veränderung. Veränderung bedingt aber, daß man weiß, in welche Richtung man was verändert.

Bandler beschreibt das Ziel seiner Forschungsarbeiten so: "Menschen können lernen, ihr Gehirn bedarfsgerechter zu nutzen. Das ist das Wesen des NLP". An einer anderen Stelle fordert er die Interessierten auf: "Ich möchte, daß Sie herausfinden, wie Sie lernen können, Ihr eigenes Erleben zu verändern, um etwas Kontrolle über das zu bekommen, was in Ihrem Gehirn tatsächlich passiert".

Machen Sie einmal die folgende Übung mit!

Schritt 1: Wählen Sie etwas, was Sie außerordentlich gern tun, wo Sie sich selbst als sehr motiviert empfinden. Die Motivation ist dadurch gekennzeichnet, daß es mühelos und selbstverständlich für Sie ist, dieses Ziel zu erreichen. Dann wählen Sie etwas, wo es Ihnen an Motivation fehlte, wo Sie einfach nicht zum Ziel kamen.

Schritt 2: Finden Sie die Unterschiede dieser beiden inneren Erlebnisse heraus, und zwar sowohl als Bild als auch als Ton/Geräusch als auch als Gefühl, vielleicht auch als Geruch und Geschmack. Meistens handelt es sich um eine ganze Abfolge von inneren Erlebnisschritten. Beschreiben Sie ganz genau, an welchem Punkt Sie wissen, daß Sie das, was Sie sich vorgenommen haben, nicht tun werden. Nutzen Sie bei diesem Schritt die unten angegebenen Erlebnisqualitäten.

Schritt 3:	Nehmen Sie jetzt einen ganz einfachen Besuch, dem gegenüber Sie weder motiviert noch demotiviert sind, und verwenden Sie Ihre Motivationsschritte, um sich für diesen belanglosen Besuch so stark wie in Ihren besten Zeiten zu motivieren.

Ausblick: Im letzten Schritt probieren Sie diese Technik aus für Ihre schwierigsten Kunden.

Da unser Gehirn blitzschnell arbeitet, werden Sie bereits unmittelbar nach dieser Übung mehr Motivation und "gute Stimmung" im Hinblick auf ein Gespräch mit Ihrem unangenehmsten und schwierigsten Kunden entgegenbringen. Wiederholen Sie die Übung, wenn Sie auf dem Weg zu Ihrem Kunden sind. Das volle Erfolgspotential dieser "Gehirnarbeit" entfaltet sich manchmal erst nach einer gewissen Zeit. Ihr Unterbewußtsein benötigt ein wenig Zeit, um diese Gehirnarbeit aufzunehmen.

Beschreibung von Erlebnissen: Submodalitäten Kategorien im Überblick:

Bachmann, Winfried: Das Neue Lernern, Paderborn, 1991, S.152ff

I. Visuelle Erinnerungsqualitäten

1. Relatives Verhältnis der Person zum Bild

- Blickfeld:	Welche Position nimmt das Bild im Raum ein? Zeigen Sie mit beiden Händen, wo sich das Bild bzw. die Bilder im Raum befinden.
- Perspektive:	Aus welcher Perspektive sehen Sie das Bild? Wenn dissoziiert, sehen Sie sich von rechts oder von links, von hinten oder von vorn?
- Assoziiert/dissoziiert:	Sehen Sie sich selbst als Akteur oder sehen Sie die Ereignisse als Beobachter einer Szene?
- Entfernung:	Wie weit ist das Bild von Ihnen entfernt? Genau nach einer bestimmten, schätzbaren Entfernung, z.B. in Metern, fragen.

- Ausrichtung: Ist das Bild aus der Perspektive des Wahrnehmenden relativ geneigt oder gekippt?

2. Dynamik des Bildes bzw. im Bild

- Bewegen des Bildes: Ist das Bild stabil? In welche Richtung bewegt es sich? Wie schnell bewegt es sich?

- Bewegung innerhalb des Bildes: Ist es ein Film oder ein stillstehendes Bild/Standbild? Wie schnell ist die Bewegung, schneller oder langsamer als normalerweise?

- Anzahl der Bilder: Gibt es ein oder mehrere Bilder? Sehen Sie eines nach dem anderen oder alle zur gleichen Zeit?

3. Rahmen des Bildes bzw. der Bilder

- Form: Welche Form hat das Bild? Quadratisch, eckig, rund? Hochkant oder quer?

- Begrenzung: Gibt es eine Grenze, einen Rahmen um das Bild, oder wird es an den Rändern undeutlich? Wie dick ist der Rahmen?

- Größe: Wie groß ist das Bild? Fragen Sie nach einer bestimmten meßbaren Größe, wie z.B. 50 mal 50 cm.

4. Bildinhalt:

- Proportionen: Stehen Menschen und Dinge im Bild im richtigen Verhältnis zueinander und zu Ihnen oder sind einige von ihnen größer oder kleiner als im wirklichen Leben?

- Detailliertheit/ Komplexität: Gibt es Details im Vorder- und oder Hintergrund? Sehen Sie die Einzelheiten als ein Teil des Ganzen oder müssen Sie nur fokussieren, um sie zu sehen?

- Bildschärfe:	Ist das Bild scharf oder unscharf? Etwa verschwommen?
- Kontrast:	Hat das Bild viel Kontrast (intensiv, lebendig) oder wenig (blaß)?
- Helligkeit:	Ist das Bild in dem betreffenden Kontext heller oder dunkler als normalerweise?
- Farbe:	Ist das Bild farbig oder schwarz/weiß? Ist das ganze Farbspektrum vorhanden? Sind die Farben intensiv oder verwaschen (pastellartig)?

II. Auditive Erinnerungsqualitäten

1. Relatives Verhältnis der Person zum Geräuschobjekt

- Position:	Hören Sie es von innen oder von außen? Woher kommt das Geräusch, die Stimme, der Ton?
- Mono/Stereo:	Hören Sie es auf einer Seite, auf beiden Seiten oder ist der Klang überall um Sie herum?

2. Dynamik

- Lautstärke:	Wie laut ist es?
- Geschwindigkeit:	Ist es schnell oder langsam?
- Dauer:	Ist es stetig oder intermittierend?
- Rhythmus:	Hat es einen festen Rhythmus oder eine Kadenz?

3. Beschaffenheit des Tons bzw. des Geräuschs

- Tonlage:	Ist es in einer hohen oder einer niedrigen Tonlage? Ist die Tonlage höher oder niedriger als normalerweise?
- Tonqualität:	Wie ist die Tonqualität: nasal, volltönend, voll, dünn, heiser?
- Melodie:	Ist es monoton oder gibt es melodische Variationen?
- Modulation:	Welche Teile sind wie betont?

III. Gefühlsmäßige Erinnerungsqualitäten

Einige Beispiele für kinästhetische Submodalitäten - hier ist noch sehr viel zu untersuchen:

- Qualität:	Wie würden Sie die Körperempfindungen beschreiben: prickelnd, warm, kalt, entspannt, gespannt, verkrampft, diffus?
- Intensität:	Wie stark ist die Empfindung?
- Position:	Wie spüren Sie diese Empfindung?
- Bewegung:	Gibt es eine Bewegung in der Empfindlichkeit? Ist der Bewegungsverlauf kontinuierlich oder kommen darin Wellenbewegungen vor?
- Richtung:	Wo beginnt die Empfindung? Wie kommt sie vom Ursprungsort zu der Stelle, wo Sie sich ihrer am meisten bewußt sind?
- Geschwindigkeit:	Ist es ein langsamer, gleichmäßiger Verlauf oder bewegt es sich mit einem Sprung?
- Dauer:	Ist es stetig oder intermittierend?

IV. Olfaktorisches und gustatorisches Submodalitätensystem

Bandler drückt sich hier sehr generell aus (Bandler, R.: Veränderung des subjektiven Erlebens, 1987, S. 184). Begriffe von Versuchsleitern in der Psychophysik sind süß, sauer, salzig, bitter, verbrannt, aromatisch, sind wahrscheinlich wenig nützlich. Das Ein- und Ausblenden eines Geschmacks oder eines Geruchs, sofern das in dem Erleben mit einer Person vorkommt, könnte recht nützlich sein. Geruch und Geschmack sind ein sehr wirksamer Anker für die verschiedenen Zustände.

Immer wieder stellen wir auf unseren Seminaren fest, daß erfolgreiche Verkäufer diese Veränderungsarbeit in Teilen schon immer unbewußt gemacht haben. Es ist unser Anliegen, diese Fähigkeit allen Verkäufern wieder bewußt zu machen.

Fazit:

Erinnern Sie sich noch an unsere Frage?

Meine Antwort jetzt:

____

____

____

____

Meine persönlichen Erkenntnisse:

____

____

____

____

Wann und bei welchem Kunden wende ich das an?

Name des Kunden: ____________________

Datum:

FRAGE:

Wie bleiben Sie in guter Stimmung, auch wenn's schief geht?

Was halten Sie für zutreffend?

- ◯ Ich denke positiv.
- ◯ Ich konzentriere mich auf mein Ziel.
- ◯ Ich denke an meine Provision.

Ihre Erfahrung:

____

____

____

____

Ankern zum nächsten Erfolg!

Die Stimmung festhalten. "Das ist ja alles ganz schön und gut, auch mit meiner Rolle kann ich mich identifizieren. Nur, wenn der Kunde dann so insistiert und immer wieder nachfragt, oder sich ....verhält, vergesse ich alles!" Sie werden das kennen, Sie sind gut vorbereitet, innerlich gut drauf, Sie identifizieren sich mit Ihrer Aufgabe, freuen sich auf den Kunden. Nur, der Kunde hatte andere Erlebnisse und ist im Augenblick Ihrer Ankunft gestreßt.

Dieser Streß wird Sie über Ihre fünf Sinne erreichen, und wenn Sie nicht gewappnet sind, Ihre Stimmung runterziehen! Darin besteht m.E. die wahre Aufgabe des Verkäufers: energiestark zu bleiben trotz Außenstreß. Den ersten Schritt dazu haben wir gemacht, indem Sie sich auf allen sechs Ebenen über Ihre Aufgabe mit diesem betreffenden Kunden klargeworden sind, und Sie so lange geplant haben, bis Sie sich mit dieser Aufgabe auf allen Ebenen identifizieren konnten. Eine Hilfe, sich an diese Vorsätze, an diese inneren Programme immer und automatisch erinnern zu können, kommt ebenfalls aus dem NLP und hat die Bezeichnung "Anker". Die Idee beruht auf einer Umkehrung: da jeder Gedanke von einer Hormonausschüttung begleitet wird, die sich im Körper durch Mimik, Gestik oder Motorik bemerkbar macht. Jetzt war die Frage, ob sich dieser Effekt nicht umkehren läßt! Es geht um die sog. Konditionierung, die auf der Technik von Pawlows klassischer Konditionierung beruht. Pawlow hatte beobachtet, daß Hunde Speichel absondern, wenn sie ihr Futter sehen. Pawlow ließ jedesmal, bevor er seinen Hunden Futter gab, eine Glocke erklingen.

Nach einiger Zeit sonderten die Hunde bereits Speichel ab, wenn sie nur die Glocke hörten. Er hatte neben dem natürlich unbedingten Reflex mit Hilfe der Glocke einen erlernten (bedingten) Reflex installiert (vgl. Birkenbiehl, Blickhan, Ulsamer: NLP - Einstieg in die Neuro-Linguistische Programmierung, Speyer 1987, S. 19ff).

Beim Ankern verbindet sich in unserem Gehirn blitzschnell der Gefühlszustand der erlebten Situation mit einem einprägsamen Reiz. Dieser Reiz kann visuell, auditiv, kinästhetisch, olfaktorisch und gustatorischer Natur sein. Sobald dieser Reiz nochmals auftaucht, wird in unserem Körper dieser Gefühlszustand der damals erlebten Situation wachgerufen. Auf der einen Seite entstehen solche Arten von Ankern dadurch, daß wir wiederholt in Situationen erlebt haben, daß ein bestimmter Reiz, beispielsweise die Farbe rot, mit einer bestimmten Reaktion in unserem Körper verbunden ist. In diesem Falle, daß das Rot Gefahr signalisiert und in unserem Körper zu dem Verhalten "Vorsicht walten" führt. Andererseits können Anker auch dadurch entstehen, in dem momentanen Gefühlszustand, beispielsweise dann, wenn Sie als Verkäufer einem Ihrer schwierigsten Kunden mit Ihrer persönlichen Höchstleistung im Verkauf begegnen, und dieser schwierige Kunde von Ihnen besonders angetan ist. Wenn Sie in diesem Moment der Höchstleistung beispielsweise eine charakteristische Körperhaltung eingenommen haben, oder einen bestimmten Stift während des Verkaufsgesprächs in den Händen gehalten haben, dann wird diese Körperhaltung oder dieser Stift für Sie zum Anker der Höchstleistung. Sie können sich diesem Anker gar nicht entziehen. Dies erklärt letztlich auch, warum sehr viele Spitzensportler ihr Maskottchen direkt vor dem Wettkampf noch in den Händen halten. Es gibt ihnen ein Gefühl von "die Höchstleistung ist damit machbar". Wichtig für den Verkauf ist es nun, daß Sie selbst bestimmen können, wann der Moment gekommen ist, alle Ressourcen zur Verfügung zu haben, um den Moment Ihrer persönlichen Verkaufshöchstleistung hervorzuholen. Dies setzt voraus, daß Sie sich im Klaren sind, was die Anker für diese Höchstleistung bei Ihnen sind.

Ein guter Verkäufer muß in der Lage sein, diesen "Moment of Excellence" bewußt aufzurufen, um im Verkaufsgespräch voll präsent zu sein. Da er aber nicht immer auf Hochtouren laufen soll, macht es sehr viel Sinn, wenn der Verkäufer sich bewußt wird, daß er auch aus diesem Zustand der Höchstleistung im Verkauf herauskommen kann. Es geht also darum, die Zustände, die wir während eines Verkaufsgesprächs durchlaufen, zu beherrschen, und gut mit ihnen umzugehen.

Haben Sie sich schon einmal als Verkäufer gefragt, warum bestimmte Namen Ihrer schwierigsten Kunden bei Ihnen dazu führen, daß Sie sich davor sträuben, den Termin für das nächste Verkaufsgespräch zu arrangieren? Der Gedanke an das nächste Kundengespräch macht viele Verkäufer unsicher. Sie verfallen in regelrecht panikartige Reaktionen. Sie schieben oft das Kundengespräch auf. Nur allein deshalb, weil es vielleicht der Name des Kunden ist, der zu dieser panikartigen Reaktion führt. In diesem Kapitel möchten wir Ihnen vermitteln, wie Sie einerseits bewußt diese Zustände hervorrufen können, wie Sie auch andererseits Zustände bei sich verändern können, d.h. wir sind daran interessiert, daß Sie im Verkauf eben nicht mehr beispielsweise diese panikartigen Verhaltensweisen an den Tag legen, sobald Sie den Namen Ihres schlimmsten Kunden hören.

Mit Hilfe dieser Anker-Technik kann der Verkäufer eine besonders gut gelungene Verkaufsatmosphäre mit seinem Kunden beim nächsten Verkaufsgespräch wieder hervorrufen, indem Sie den Anker für diese Atmosphäre abfeuern. Die Wirkungsweise von Ankern ist mannigfaltig und schon sehr früh bekannt gewesen. So haben beispielsweise die Russen nach der Oktoberrevolution erkannt, daß die Volkslieder, die sie benutzten, bei der russischen Bevölkerung zu Gefühlen des Patriotismus führten. Was sie allerdings taten, war, daß sie die Melodien der Volkslieder beibehielten, während sie die Texte veränderten. Die Melodien waren in diesem Fall der starke Anker für das Gefühl "Patriotismus gegenüber dem russischen Vaterland". Gleichzeitig führten die neuen Texte, die den Kommunismus unterstützen sollten, zu einer positiven Verbindung Kommunismus - Patriotismus.

Welche Arten von Ankern lassen sich insbesondere im Verkauf sehr gut einsetzen?

Visuelle Anker sind beispielsweise Symbole, die Mimik, Gestik, Photos, bestimmte Graphiken.

Auditive Anker dagegen sind beispielsweise ein Wort oder eine bestimmte Satzstruktur, die Stimmführung, das Tempo der Stimme, das Klopfen mit dem Bleistift. Ein typischer auditiver Anker ist auch das Martinshorn. Oder auch das Summen Ihres Lieblingsliedes oder der Dialekt bzw. Akzent von bestimmten Kunden.

Kinästhetische Anker beruhen auf Berührungen oder eigenen Bewegungen. Die eigene Körperhaltung. Meist haben wir ganz charakteristische Verhaltensweisen wie beispielsweise das Spielen mit dem Bleistift oder die zu einer Schnute geformten Lippen. Ein anderer kinästhetischer Anker ist auch das Tragen eines bestimmten Kleidungsstückes, dessen Stoff wir gerne fühlen, und was meist mit positiven Erlebnissen verbunden wird.

Olfaktorische Anker sind beispielsweise bestimmte Gerüche wie Parfüm, Mandel oder Vanille. Ganz charakteristisch ist der Kaffeeduft. Nicht zuletzt deshalb erleben wir heutzutage in den meisten Supermärkten, daß die dort auch zu findenden Bäckereien den typischen Geruch der Backstube dort einfangen und über dem Eingangsbereich des Supermarktes über die Klimaanlage wieder herauslassen, um so ein Gefühl des Wohlbehagens beim Kunden aufzurufen.

Gustatorische Anker sind beispielsweise der Geschmack einer Speise oder eines Getränks, die mit einem bestimmten Erlebnis verbunden sind.

Gleichsam können wir zwischen externen und internen Ankern unterscheiden. Externe bzw. äußere Anker werden hervorgerufen durch äußere Signale. Das kann beispielsweise der Gesichtsausdruck oder die Stimme unseres Kunden sein. Interne, also innere Anker, werden beispielsweise erzeugt, indem man mit sich selbst spricht. Indem man beispielsweise im Moment, wenn man aus der Tür des Kunden herausgegangen ist und weiß, daß der Kunde zufrieden ist, und weiß, daß der Verkaufsabschluß beim nächsten Gespräch garantiert ist, sich selbst ein bestimmtes Wort innerlich sagt. Beispielsweise "Super, so war's richtig".

Selbstanker sind Anker, die wir uns selbst gesetzt haben und auch selbst aufrufen können, um einen bestimmten Zustand, der uns jetzt gerade in der Phase der Verkaufsgeschichte wichtig ist, aufzurufen. Welche Stimmung wollen Sie ankern?

Ankern, wie es geht:

Um das Ankern möglichst natürlich und effektiv zu handhaben, hier einige Tips:

- Wie passend ist der Anker für die Situation?
- Fügt er sich in das natürliche Verhalten ein?
- Wie leicht bzw. wie exakt kann er wiederholt werden?

Wie lange hält ein Anker? Das kommt darauf an, wie gut er gesetzt worden ist, und es gibt hier einige Hilfen:

Je intensiver und je reiner die Reaktion ist, desto intensiver ist der Anker. Und der Reiz ist, daß er effektiver ist.

Die Frage geht an Sie: Wie möchten Sie unter Streß beim Kunden reagieren?

Aus der Erfahrung bieten sich mehrere Verhaltensweisen als gewünschte Reaktion an, die durch bestimmte Reize ausgelöst werden:

- Humor/Heiterkeit?

- Ein Gefühl, besonders gut drauf zu sein, oder

- eine Mischung aus verschiedenen Erlebnissen, die eine "unwiderstehliche" Ausstrahlung, eben Ihren persönlichen "Moment of Excellence" erzeugen!

Fazit:

Erinnern Sie sich noch an unsere Frage?

Meine Antwort jetzt:

Meine persönlichen Erkenntnisse:

Wann und bei welchem Kunden wende ich das an?

Name des Kunden:

Datum:

FRAGE:

Wie bleiben Sie auch unter Streß humorvoll?

Bitte kreuzen Sie das an, was Ihnen am meisten entspricht:

- ○ Ich verliere mein Lächeln nie.
- ○ Mich wirft so schnell nichts um.
- ○ Ich denke an etwas Lustiges.

Ihre Erfahrung:

____

____

____

____

Humor: Die Stimmung aller Stimmungen

Humor ist, wenn man trotzdem lacht

Schon im alten China war das Lächeln und der Humor das, was jeder Verkäufer als erste Erfolgsregel lernte: dem Kunden freundlich und gelassen begegnen, egal wie es in einem aussieht!

"Mehrmals am Tage ermahnen Sie sich zu einem heiteren, entspannten Gesichtsausdruck. Sie lockern auf diese Weise mit Ihren Gesichtsmuskeln auch Ihre Seele und zugleich Ihr Verhältnis zu Ihren Kunden und Menschen!" So heißt es in dem gerade erschienenem Heft "Der Sympathie-Berater" von Dr. Eberhard Puntsch.

Lächeln auf Kommando also? Aber ist das nicht ein Widerspruch in sich? Humor ist mit Heiterkeit sowie lockeren und entspannten Muskeln verbunden. Das Ermahnen ist wohl eher mit innerer Anspannung, die sich auch auf die Anspannung der Muskulatur auswirkt, verknüpft! "Man muß den Kunden auch in seine Grenzen weisen, immer guter Stimmung sein, das geht doch gar nicht!", so die Meinung vor allem junger Verkäufer.

- Warum ist Humor so wichtig im Verkauf? Warum gibt es in jedem Land so viele gute Ratschläge, mehr zu lachen und Probleme heiter zu lösen? "An lustigen Buabn," so heißt es im Böhmerwald, "kann der Teufi nit holn".
- Wie kann man echt humorvoll sein, wenn man es will? Wie wird man humorvoll, wenn man nicht zufällig mit Humor erzogen wurde? Wie bleibt man humorvoll auch unter Streß?
- Sind Witze das einzige Instrument, um gute Laune zu verbreiten - Millionen Vertreterwitze deuten darauf hin? Wie entsteht und wie wirkt das aufgesetzte Lächeln?

"Lachen ist die beste Medizin"

Ursprünglich verstand man unter dem Humor "Saft". Gemeint ist das Hormon Azethylcholin, das genau im Gegensatz zum Adrenalin wirkt und den ganzen Körper entspannt, was über einen sehr komplizierten physiologischen Prozeß zur Stärkung der Immunabwehr führt. Man "lacht sich buchstäblich gesund" und baut das Streßhormon Andrenalin ab! Im Behördendeutsch geht es gemächlicher zu: "Sie müssen dreizehn Muskeln bewegen, um die Stirn zu runzeln und nur zwei, um zu lächeln, warum anstrengen?"

Sigmund Feuerabendt hat sich als einer der Lachexperten, der durch Lachen selber gesund geworden ist, sehr intensiv mit dem Heilmittel Lachen auseinandergesetzt. Seit Norman Cousin von seiner unheilbaren Kollagenerkrankung mit einer Überlebenschance von 1:5000 durch Lachen gesund wurde, setzt sich in der Medizin wie auch in anderen Bereichen, insbesondere im Verkauf, immer mehr die Ansicht durch, daß man Humor und Heiterkeit nicht dem Zufall überläßt!

Bei dem ganzen Thema geht es um unsere gefühlsmäßige Reaktion auf eine Differenz zwischen dem Erlebten und dem Gelernten.

Jeder hat - im Normalfall - in unserer westlichen Kulturgesellschaft gelernt, sich über unerwartete freudige Ereignisse zu freuen und über negative Abweichungen zu ärgern.

Im Verkauf spricht man hier von Planabweichungen (positiven und negativen), im Privatleben von unerwarteten Freuden oder Enttäuschungen! Jedesmal geht es um eine gefühlsmäßige Reaktion im Zuge einer überraschenden Entwicklung. Humor ist die dritte Verhaltensalternative auf jeden Streß!

Denn auf jedes Erlebnis gibt es 3 Reaktionsmöglichkeiten:

1. *Neutralität:* Desinteresse, Energie wird nicht aktiviert.

2. *Ärger:* Adrenalinausstoß sorgt für Streß, Anspannung, Angriff, Verteidigung, flachen Atem, Angriff auf die Immunabwehr und wirkt insgesamt krankmachend.

3. *Humor:* positive Gefühle der Heiterkeit mit den entsprechenden Hormonausstößen wirken entkrampfend, belebend, entspannend, problemlösend.

Die Zuschauerreaktion auf die TV-Sendung "Tutti-Frutti" deckt das ganze Spektrum dieser Reaktionsmöglichkeiten ab: Von "lustig-frivol" über "uninteressant" bis hin zu "dümmlich-obszön" rangieren die Zuschauermeinungen!

Lachen und Humor ist deshalb so wichtig, weil
- man auf Überraschungen kreativer reagiert: statt Flucht oder Angriff wählt man eine neue Möglichkeit,
- Lachen gesünder ist und das eigene Immunsystem stärkt und
- Lachen ansteckend ist, man stärkt das Immunsystem des Kunden.

Neue Möglichkeiten ergeben sich gerade dann, wenn man normalerweise mit Ärger reagiert, es aber einmal mit Humor versucht und das Heitere einer Situation erkennt!

"Humor ist lernbar?"

Humor wird bisher als Talent, als Gabe angesehen, die man eben hat oder nicht hat! "Ich glaube mit mehr Recht auf meine Gabe, Lachen zu erregen, stolz zu sein, als ein Schauspieler auf seine Kunst, weinen zu machen!" So jedenfalls Plato über sein Talent, humorvoll zu sein!

Das Neuro-Linguistische Programmieren entdeckte die Auslöser für Freude, Vertrauen, Fröhlichkeit, Wut, Ärger und natürlich Humor. Es sind immer Eindrücke, die man vergleichen kann mit besonderen Filmen, die wir im Hirn speichern, nur daß dem Video noch Töne, Gefühle, Geruch und Geschmack beigegeben sind!

NLP stellt dafür eine ganze Reihe von Möglichkeiten zur Verfügung, von denen ich nur zwei detailliert darstellen möchte:

- die Humorperspektive
- den Humorknochen

Die Humorperspektive

Heiterkeit, so Madame de Stael, besteht aus dem Wissen um die Ähnlichkeit verschiedener Dinge und die Verschiedenheit ähnlicher Dinge, d.h. es kommt auf die Perspektive an! Der Optimist wird das Glas halbvoll, der Pessimist halbleer sehen. "Da ist mir ja wirklich das Lachen vergangen!" Ein geflügelter Spruch, wenn etwas schiefgeht, aber warum kann man nicht dann, wenn die eigenen Erwartungen sich nicht realisieren, mit einer Prise Humor reagieren und mit Heiterkeit eine neue Lösung suchen! Die Energie der Problemlösung fließt nicht in die Anstrengung des Ärgerns, das "blind macht" und die Wahrnehmungsfähigkeit nach außen einschränkt, sondern in die Kreativität, um etwas Neues zu finden! Wie lustig und fröhlich sind Brainstormingsitzungen, wie schwierig sind Besprechungen bei Zielunterschreitungen!

Eine Hilfe ist hier das Kommunikationsmodell von Schultz v. Thun: die vier Seiten einer Botschaft. Besonders wichtig ist die neue Humorperspektive, wenn es um Appelle nach dem Motto "Sie sollten ...!" oder "Sie hätten doch ....!" geht. Wie schnell ist man da im Angriff, in der Anklage und ärgert sich, schwächt das eigene Immunsystem und das des Partners!

Beispiel: Ein Ehepaar sitzt bei einem spannenden Krimi vor dem Fernseher.

Er:	"Das Bier ist alle!"
Sie:	Alternative 1: "Die Flasche ist leer! Schön!" Alternative 2: "Hat es dir geschmeckt?" Alternative 3: "Schön, daß du es mir sagst!"

Eines ist auf alle Fälle vermieden: die Diskussion darüber, ob Bier geholt wird, wer das Bier holt, etc.

Die vier Seiten einer Botschaft machen eines deutlich, es gibt immer drei Alternativen. Statt den Appell verärgert zurückzuweisen oder ihm zähneknirschend zu folgen, richtet man seine Wahrnehmung auf das, was in dem Appell steckt (siehe Grafik):

Alternative 1: der Tatbestand "das Ding"
Alternative 2: die Selbstoffenbarung, "das Du"
Alternative 3: die Beziehung "ich und du"

Watzlawick entwickelte so neue Perspektiven im Falle eines Banküberfalls: Der Beamte kann bei vorgehaltener Pistole und der Aufforderung "Ruhe und Geld her!" folgendes sagen:

Alternative 1: "Was ist das für eine tolle Pistole, ist die automatisch? Wo kann man die kaufen?" etc.

Alternative 2: "Sie brauchen Geld. Je mehr, desto besser, nicht wahr? Jetzt ist gerade Ebbe in der Kasse, kommen Sie in zwei Stunden wieder."

Alternative 3: "Auf Sie habe ich schon gewartet, ich wollte immer schon beteiligt sein, kommen Sie heute abend zu mir in meine Wohnung, ich möchte mit Ihnen zusammen den Tresor dieser Bank knacken und habe alle Pläne. Mit Ihnen könnte ich es schaffen!" etc.

Abb. 14 *Die vier Seiten einer Botschaft.*

Vielleicht haben Sie Lust, mit diesem Modell Ihre Humorperspektive zu vergrößern! Für den Anfang ist das vielleicht einfacher, erst einmal dort zu üben, wo man auch mal Fehler machen kann!

Beispiel:

Der Kunde sagt:	"Sie müssen im Preis runtergehen."
Alternative 1 (das Ding):	"Preis und Qualität sind in meinem Angebot sehr wichtig. Welche Qualität benötigen Sie?"
Alternative 2 (das Du):	"Ich höre, daß Ihnen der Preis sehr wichtig ist, wieviel wollen Sie ausgeben?"
Alternative 3 (Ich+Du):	"Gut, daß Sie mir das sagen, wir werden noch 'mal alle Punkte genau durchgehen und die Kalkulation überprüfen."

Es kann nach einiger Übung immer noch sein, daß es Situationen gibt, in denen der Kopf zwar eine Humorperspektive erkennt und akzeptiert, der Ärger steigt aber hoch, Adrenalin breitet sich aus, man hört auf zu atmen, und nichts geht mehr! Hier geht es darum, sich möglichst schnell wieder abzuregen, aus der Situation vielleicht zurückzuziehen, sozusagen im NLP-Sinne sich zu dissoziieren und neue Strategien auszudenken. Manchmal, vor allen Dingen im Geschäftsleben, ist das nicht möglich, dann hilft vielleicht der Humorknochen.

Humorknochen

Wir wissen heute, und das NLP hat hier eine Bestätigung geliefert, daß mit jeder Körperhaltung eine bestimmte Gehirnregion verbunden ist, jeder Gedanke hat eine körperliche Entsprechung. Wenn wir unser Humorprogramm in unserem Körper entdecken, können wir unsere Körperhaltung so ändern, daß Energie fließt.

Nun ist unser Gehirn so veranlagt, daß man nicht gleichzeitig innerlich Bilder sehen und intensiven Ärger fühlen kann. Denken Sie z.B. an eine leicht enttäuschende Situation, in der Sie sich über etwas ärgerten. Wie sitzen Sie? Nach vorn geneigt? Jetzt neigen Sie den Körper ganz bewußt nach hinten: in der Regel verringert sich jetzt Ihr Gefühl des Ärgers! Unser Körper ist uns gerade beim Humor eine große Hilfe! Denn wer hat nicht schon gelacht! Unser Humor und unser Lachen ist in unserem Körper als Programm verankert, jedenfalls bei allen, die schon einmal gelacht haben oder humorvoll waren! Körperlich geht es beim Lachen um Muskelbewegungen, Wippen mit dem Körper, vielleicht mit den Füßen, man schlägt sich auf die Knie, und alles in einer ganzheitlichen, rhythmischen Abfolge.

Wenn man genau hinsieht, was an Bewegungen uns gemeinsam ist beim Lachen, so ist es die Betonung der rechten Körperhälfte (beim Rechtshänder werden hier die zukünftigen visuellen und auditiven Programme im Gehirn angeregt), und man sitzt praktisch nur noch auf einem Gesäßknochen, dem sog. Humorknochen. Auf diesem Knochen ist man, je heiterer man wird, immer flexibler. Durch die Beweglichkeit im ganzen Körper werden sehr viele Gehirnregionen angeregt, und man findet sehr viel leichter eine Lösung!

Mein Vorschlag zum Vorgehen:

- Erinnern Sie sich an eine Situation, die sehr heiter war, in der Sie lachen mußten! Sehen Sie die Situation in allen Sinneswahrnehmungen und versetzen Sie sich in die Situation zurück, assoziiert, als ob es jetzt noch einmal passierte!

- Setzen Sie sich etwas mehr auf die rechte Seite (für Rechtshänder), heben Sie etwas die Beine. Vielleicht schlagen Sie sich auf die Schenkel und kommen so in Ihren eigenen Lachrhythmus. So aktivieren Sie Ihr eigenes Humorprogramm.

- Wenn Sie Bedenken haben, weil man sieht, daß Sie so auf- und abwippen oder sich auf die Schenkel schlagen, hier das versierte Verhalten: Der erste Schritt besteht darin, sein eigenes geankertes Humorprogramm zu entdecken, der nächste Schritt, es so zu verfeinern und zu verkleinern, daß man Ihnen von außen nicht mehr ansieht, daß Sie auf Ihrem Humorknochen sitzen, zunehmend flexibler werden und die heiteren Seiten einer Problemsituation erkennen und Ihrem Gehirn viele gute Problemlösungen einfallen.

Fazit:

Vorbei ist das aufgesetzte Lächeln, das beim ersten Einwand des Kunden verschwindet, vorbei ist der Zwang zur Heiterkeit ...!
Ihr Gehirn und Nervensystem so zu programmieren, daß Sie die Gefühle erleben, die Sie in verschiedenen Lebenslagen unterstützen, das ist die Aufgabe des NLP! Cheeser ist out, echter Humor durch genau erinnerte Humorerlebnisse ist IN!

Fazit:

Erinnern Sie sich noch an unsere Frage?

Meine Antwort jetzt:

Meine persönlichen Erkenntnisse:

Wann und bei welchem Kunden wende ich das an?

Name des Kunden:

Datum:

FRAGE:

Warum gehen Ihnen
Aufträge verloren?

Bitte kreuzen Sie das an, was Ihnen am meisten entspricht:

◯ Preis ist zu hoch.

◯ Konkurrenz ist besser.

◯ Unternehmung ist zu langsam.

Ihre Erfahrung:

___

___

___

___

Der "wirkliche" Verkäufernutzen

Warum gehen Aufträge verloren, warum kauft der Kunde trotz intensiver Beratung nicht? Eine Befragung einer Anzahl technischer Verkäufer durch Herrn Prof. Dr. W. Plinke an der Freien Universität Berlin kommt zu einem ganz erstaunlichen Ergebnis: Der Preis war den Kunden zu hoch, so die Erklärung der meisten Befragten. Allen Verkaufsprofis ist sofort deutlich: einen "zu hohen Preis" gibt es nicht, denn Preise sind nur in bezug auf die dahinterstehende Leistung miteinander vergleichbar. Dabei gibt es im persönlichen Verkauf absolut identische Leistungen, also "gleicher Verkäufer, gleicher Leistungsumfang, gleiche Verkaufsunterstützung vor Ort, gleiche...?" Im Grunde genommen hat ein Verkäufer, der an der Preishürde scheitert, dem Kunden den einzigartigen Wettbewerbsvorteil seiner Leistung und seiner Beratung nicht glaubhaft machen können! Was Spitzenverkäufer von anderen unterscheidet, ist die innere Einstellung zu ihrer Arbeit! Während sich noch viele Verkäufer als Werkzeug des Unternehmens sehen und glauben, ihre Leistung an den Mann, sprich an den Kunden bringen zu müssen, sieht der Starverkäufer sich als Nutzenstifter, als Berater, als Betreuer, als Dolmetscher zwischen Anbieter und Kunden, als Katalysator. Vielleicht fragen Sie sich auch, ob das funktioniert, ob das immer geht und ob man so viel Zeit hat? Oft, und gerade in den wichtigsten Bereichen wie im High-Tech, weiß der Kunde gar nicht so recht, was gut für ihn ist oder was er will!

Hier sehe ich die besondere Verantwortung von Verkäufern, ihre Kunden soweit kennenzulernen, daß sie die Bedürfnisse entsprechend der jeweiligen Situation des Kunden richtig einschätzen und die richtige Leistung anbieten. Das wird um so besser gehen, je mehr der Kunde sich und all seine Bedürfnisse verstanden und angesprochen fühlt. Bei weitgehend austauschbaren und immer ähnlicheren Produkten und angesichts unserer schnellen Innovationsfähigkeit kann es in der westlichen Welt gar nicht zu vermeiden sein, daß eine Firma auch mal für längere Zeit der Konkurrenz technisch hinterher läuft. Nur die Loyalität und das Vertrauen des Kunden zum Verkäufer, unter Umständen zur Firma und zum Produkt, verhindert in solchen Phasen eine rasche Kundenabwanderung. In manchen Branchen, insbesondere im Dienstleistungssektor, ist es nur der Verkäufer und seine Beziehung zu dem Kunden, die den einzigartigen Wettbewerbsvorteil sichert.

Wissenschaftlich ausgedrückt bedeutet das:

> Jeder Gedanke hat eine Resonanz im Körper und ist mit einem bestimmten Hormonausstoß verbunden.

Wir erleben diesen Vorgang als Gefühl. Ein lachendes Gesicht, Gedanken, die uns Freude machen, kurz gesagt, Lust, steigert unsere Lebensenergie. Wir atmen tiefer und versorgen uns besser mit Sauerstoff. Ein ärgerliches Gesicht senkt unser Energieniveau. Wir bezeichnen solche Hormonstöße und Gefühle als Dis-Streß.

Image und was ist Ihre Aufgabe?

Der einzigartige Nutzen gegenüber Ihrer Konkurrenz entscheidet, ob Sie den Zuschlag erhalten! Alle diejenigen, die mit dem Preis argumentieren, gehen anscheinend immer noch davon aus, daß es eine objektive Wirklichkeit gibt, und daß sich der Kunde außerdem immer nach dem billigsten Angebot richtet! Was aber ist das billigste Angebot? Hier geht es darum, einen Leistungsvergleich durchzuführen, und zur Leistung gehört auch, wie sicher sich der Kunde bei Ihnen fühlt, wie gut beraten er sich fühlt, wie sehr er sich auf Sie verlassen kann! Das wird er bezahlen, denn es kann Ihnen unter Umständen sehr viele schlaflose Nächte ersparen!

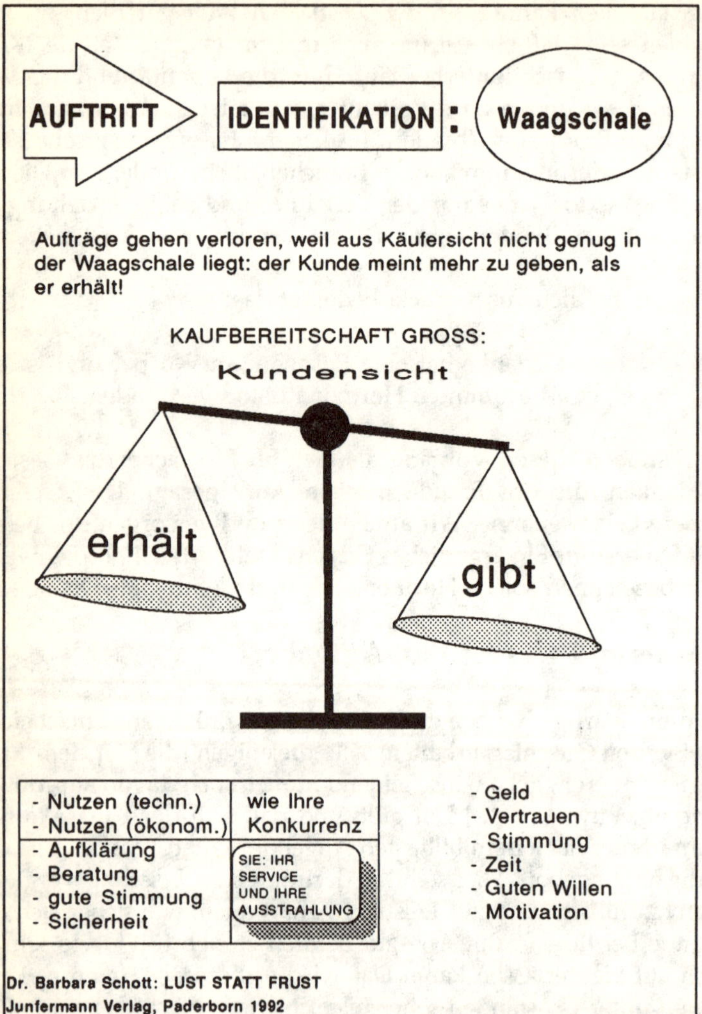

***Abb. 15** Über Ihren Service und Ihre Ausstrahlung erhöhen Sie die Kaufbereitschaft.*

Die Wiener Allianz-Versicherung unternahm aus dieser Erkenntnis heraus folgenden Versuch: Sie stellte branchenfremde Schulabsolventen ein und bildete sie ein Jahr mit allen erdenklichen Kommunikationsmethoden darin aus, das Vertrauen zum Kunden herzustellen! Ihre Aufgabe war es für ein halbes Jahr, sich mit dem Kunden zu unterhalten und diese Unterhaltung auf ein Tonband aufnehmen zu können. Diese Tonbandaufzeichnungen wurden ausgewertet, und es wurde bestimmt, wie gut es dem Verkäufer gelang, zu wildfremden Menschen eine vertrauensvolle Beziehung aufzubauen! Vom Produkt "Versicherung" war nicht die Rede, über Produkte wurden sie auch nicht informiert. Erst ein halbes Jahr später erhielten sie eine Produktschulung und wurden dann auch als Nutzenbieter in einem bestimmten Leistungsbereich ausgebildet.

Diese Verkäufer hatten ganz andere Beziehungen zu ihren Kunden, geringere Stornos, und waren überdurchschnittlich erfolgreich. Es kann sich bei diesem Versuch das Gefühl einstellen, als erschliche man sich das Vertrauen der Kunden über wirksame Verkaufsmethoden. Alle wirksamen Methoden der Kommunikation erfolgreich einsetzen können, das gehört zum Handwerkszeug guter Verkäufer. Die Kaufreue ist die Grenze und die Schranke gegen Manipulationen des Kunden. Da die Wiener Allianz eine Versicherung mit Stammkundschaft ist und sicherstellt, daß jeder Kunde mindestens einmal im Jahr besucht wird, ist der Vertrauensmißbrauch von der Unternehmung her kontrollierbar.

Bestimmen Sie Ihre Ausstrahlung selbst

"Was ich denke, ist meine Sache, selbstverständlich bin ich beim Kunden immer freundlich." Der schon beschriebene Muskeltest macht deutlich, daß wir unbewußt alles das, was jemand denkt, wahrnehmen! Alle Erlebnisse schlagen sich in unserer Mimik, unserer Gestik und unserer Körpermotorik nieder. John Diamond (Das Herz der Musik, Freiburg 1991, S. 184) hat sich besonders mit der Ausstrahlung von Musikern beschäftigt und festgestellt, daß die Musiker, die uns durch ihre Musik stärken und uns energetisch sozusagen aufladen, von einem Gedanken beseelt sind: "Ich will Euch Liebe geben und von Euch Liebe annehmen!" Beethoven drückt das am Ende seiner Missa Solemnis aus, wenn er sagt: "Von Herzen - möge es wieder - zu Herzen gehen!"

Sie haben die Wahl, ob Sie energiestark mit Ihrem Kunden kommunizieren wollen. Das bezeichne ich als Ausstrahlung, die schließlich zu einem energiestarken Image führt! Der Kunde wird Sie konsultieren, wenn er Probleme hat, weil Sie mit der nötigen Fachkompetenz ihn auch noch energetisieren. Wer wollen Sie für Ihren Kunden sein? Sie informieren, Sie beraten, Sie dolmetschen zwischen Unternehmung und Kunde, Sie sind Problemlöser! Das sind generelle Bezeichnungen, die Sie durch Ihr Verhalten vor Ort dem Kunden verdeutlichen! Das 6-Ebenen-Modell ist hier eine gute Hilfe, um festzulegen, mit welcher Rolle bei Ihren einzelnen Kunden Sie sich identifizieren wollen! Die Betonung liegt auf "wollen", denn durch die Gestaltung Ihrer inneren Erlebnisse haben Sie es in der Hand, Ihre eigene Ausstrahlung selbst zu bestimmen! Wo bleiben die Richtlinien des Unternehmens, der Unternehmenskultur, das Firmenimage? Es kann Sie stützen, es wird Sie aber in Zukunft nicht mehr hindern, sich ganz mit Ihrer Aufgabe beim Kunden zu identifizieren! Die Grenze sehe ich da, wo die Firma es aus liefertechnischen, aus verwaltungstechnischen oder aus Gründen des Mißmanagements nicht schafft, Sie in Ihrer Zuverlässigkeit beim Kunden zu unterstützen.

Bitte benutzen Sie die folgende Liste, um sich selber klar darüber zu werden, welche Aufgabe Sie bei Ihren verschiedenen Kunden haben.

Identifikation mit meiner Aufgabe bei Kunde X am:

Anlaß des Besuches:	Was erwartet der Kunde von mir?

Umwelt: Was erwartet der Kunde von mir, was erwartet die Firma von mir, was erwarten meine Bezugspersonen?

Verhalten: Was muß ich bei diesem Kunden machen, wie muß ich mich verhalten, um den Ansprüchen der Umwelt gerecht zu werden?

Fähigkeiten: Welche Fähigkeiten sind hier von mir gefordert, besitze ich diese Fähigkeiten in ausreichendem Maße, muß ich sie ausbilden?

Glaube: Welche Überzeugungen besitze ich, wenn ich mich so verhalte und die Ansprüche meiner Umwelt so wahrnehme?

Identität: Wer bin ich, wenn ich diese Überzeugungen besitze, diese Fähigkeiten erwerbe, das Verhalten ausübe, um den Ansprüchen meiner Umwelt gerecht zu werden?

Mission: Was ist das größere Ziel, was ist meine Aufgabe hier auf dieser Welt, und wie trägt meine Identität, mein Glaube, meine Fähigkeit, mein Verhalten bei diesen Umweltanforderungen bei, meine Mission auf dieser Welt zu erfüllen?

Von der Sprache zum inneren Erleben

Vielleicht merken Sie, während Sie Ihre Aufgabe auf den einzelnen Ebenen ausformulieren, daß sich Widersprüche ergeben. Dann gehen Sie wieder von der Mission zur Umwelt und verändern Sie alle Ebenen, bis Sie eine Balance erreicht haben.

Erleichtern läßt sich diese Aufgabe, indem Sie Ihre inneren Sinne benutzen und sich auf jeder Stufe sich selbst vorstellen, wie Sie z.B. als Nutzenbieter, als Problemlöser

- sich kompetent verhalten und
- Ihre Fähigkeiten gekonnt einsetzen und
- Ihre inneren Überzeugungen leben und

genau die Identität erleben, die Ihrer selbstgewählten Rolle entspricht und damit zu Ihrer Mission auf dieser Welt beitragen.

Die folgende Grafik zeigt auf, daß Sie auf jeder dieser Ebenen

- ein Bild im Finishzustand planen und dazu
- die passenden Worte wählen, die Sie dann unter Streß als Affirmation benutzen, um sich immer wieder in die Rolle als Nutzenbieter hineinzubringen und
- ein Gefühl der Beseelung erleben, so daß Sie Freude an der Identifikation mit Ihrer gewählten Rolle haben!

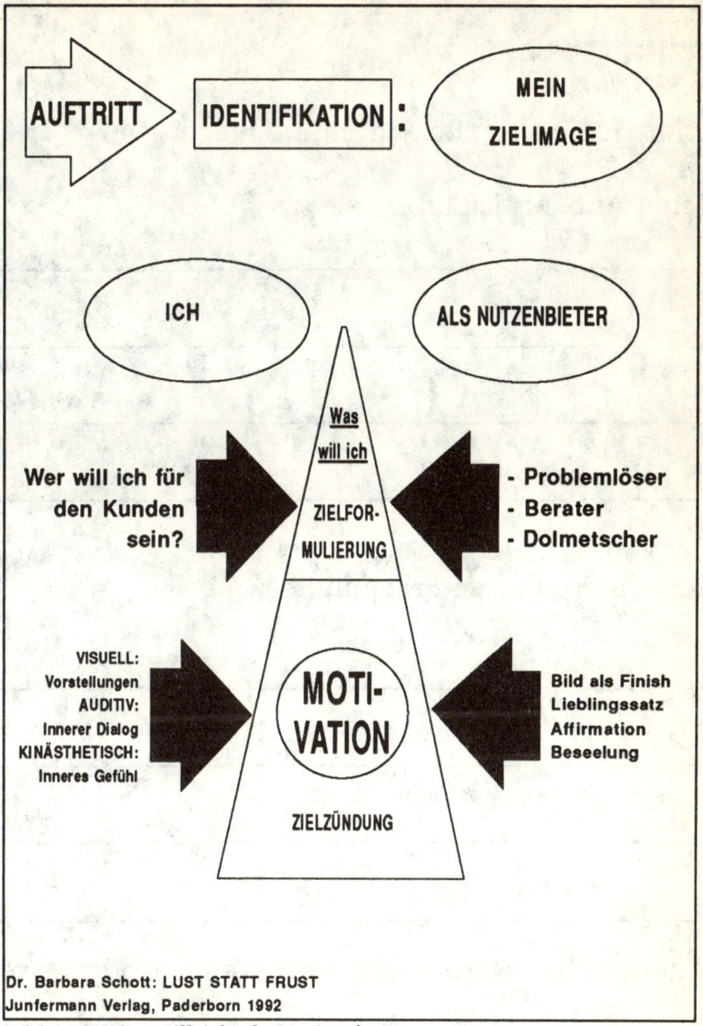

Abb. 16 *Was will ich als Verkäufer?*

Fazit:

Erinnern Sie sich noch an unsere Frage?

Meine Antwort jetzt:

____

Meine persönlichen Erkenntnisse:

Wann und bei welchem Kunden wende ich das an?

Name des Kunden:

Datum:

Vom Wunsch zur Tat!

FRAGE:

Wie setzen Sie die bisherigen Erkenntnisse beim Kunden um?

Bitte kreuzen Sie das an, was Ihnen am meisten entspricht:

○ Ich probiere mal eine Idee aus.

○ Ich tausche mich mit Kollegen aus.

○ Ich ändere mein momentanes Verhalten.

Ihre Erfahrung:

____

____

____

Ohne Ziel ist jeder Weg richtig!

Vom Wunsch zum Ziel!

"Wenn ich klar sehe, fließt Energie, bin ich motiviert!" Dieser Lieblingsausspruch des Pioniers in dem Bereich rationeller Arbeitstechnik, Josef Schmidt, macht deutlich, um was es geht: Wenn ich meine Ziele als klare Zielbilder sehen kann, hat das eine Rückwirkung auf meinen Hormonhaushalt im Körper: Klare Bilder sind klare Gedanken, die Energie, d. h. unser ganzes Streben, hat einen Angelpunkt gefunden, und unsere Konzentration ist auf das Verkaufsziel gerichtet! Klarheit und Motivation hängen also eng miteinander zusammen. Der gezielte Einsatz von Energie ist mit der Klarheit unserer inneren Bilder gekoppelt! Jeder von uns kann das nachvollziehen, indem er sich folgendes vorstellt:

- Denken Sie sich eine Situation, wo Sie eigentlich nur die Richtung Ihrer Wünsche kennen, wo es aber viele Zielalternativen gibt! Vielleicht fliegen jetzt verschiedene Bilder an Ihnen vorbei! Wie ist Ihr Gefühl? Wahrscheinlich wird es wechseln, je nachdem, welche Bildalternative Sie sich innerlich betrachten. Wenn Sie immer mehr Bilder zulassen, gelangen Sie schließlich zu so vielen Bildern, daß sie sich vereinigen zu einer inneren nebulösen Vorstellung. Wie ist dann Ihr Gefühl? Es drückt genau diesen unbestimmten, diffusen Zustand aus und ist nicht angenehm!

- Sie reduzieren jetzt die vielen Alternativen zu zwei wichtigen, die aber in Konkurrenz miteinander stehen: zwei leuchtende Bilder innerlich sind für Sie attraktiv. Wie geht es Ihnen gefühlsmäßig jetzt? Sind Sie hin- und hergerissen zwischen beiden Alternativen? Sie befinden sich im Konflikt und halbieren Ihre Kraft. Jetzt ist es wichtig, sich für eine Alternative zu entscheiden, um auf diese Alternative die Kraft zu konzentrieren.

- Sie haben jetzt eine Alternative ausgewählt: Nun seien Sie der Regisseur Ihres inneren Bildes, machen Sie es noch leuchtender, noch attraktiver, fügen Sie noch mehr Farben, mehr Personen hinzu, und bei jeder Veränderung prüfen Sie in Ihrem Gefühl nach, ob sich Ihr Gefühl für Sie verbessert. Je besser es Ihnen gelingt, Ihre inneren Zielbilder attraktiv zu gestalten, desto mehr wird Sie Ihr Gefühl und Ihr Sehnen nach Zielerfüllung lenken! Die inneren Bilder wirken dann wie Magneten, und andere, zeitverschlingende Aktivitäten, die nicht unbedingt zur Zielerfüllung beitragen, werden dann gar nicht mehr von Ihnen wahrgenommen.

Klare Ziele steigern die Energie

Ein weiteres Geheimnis der wirklich erfolgreichen Verkäufer ist es, daß sie jede Aktivität, jeden Zeitbaustein unter ein kontrollierbares und meßbares Ziel stellen!

"Ja, aber soll ich denn auch meine Entspannungszeit am Sonnabendnachmittag planen?" Diese und ähnliche Fragen werden jetzt vielen durch den Kopf gehen. "Wie steht es mit der Spontanität?" Es ist ein Irrtum zu glauben, daß ungeplant gleich entspannend bedeutet!

Das Geheimnis eines erfüllten Tages, Jahres oder Lebens liegt darin, daß man viele seiner Ziele erreicht. Das setzt die bewußte Planung von Zielen voraus! Denn nur, wenn ich mir konkrete Ziele setze, kann man klar sehen, ob man diese Ziele auch erreicht hat, ob man Erfolg hat. Und nur dann fließt Energie, die für das nächste Ziel, den nächsten schwierigen Kunden zur Verfügung steht. Entsprechend müssen drei Aspekte bei der Zielplanung berücksichtigt werden:

- Zielinhalt: Was will ich genau erreichen? Z.B. der Umsatz bei einer bestimmten Kundengruppe soll steigen.

- Zielausmaß: Hier wird gefragt, wieviel soll genau erreicht werden? In unserem Beispiel: der Umsatz bei dieser Gruppe soll um 10 % steigen.

- Zielzeit (Zeitpunkt): Wann soll dieses Ergebnis erreicht werden? Z.B. nach einem Jahr oder bis zum 31.12. des Jahres soll der Umsatz bei der Zielgruppe X um 10 % gestiegen sein! Dieses Ergebnis ist meßbar, kontrollierbar.

Motivierende Ziele

Unbefriedigte Bedürfnisse lösen Antriebskräfte aus, die unser menschliches Handeln steuern!

Sehr viele Industrien, allen voran die Versicherungen, haben einen sehr komplizierten und detaillierten Katalog von Anreizmaßnahmen entwickelt, um praktisch auf jeder Stufe der Bedürfnispyramide Angebote zu machen, die die Verkäufer für ihre Ziele begeistern.

Ein wesentlicher Faktor in der Planung motivierender Ziele ist es, daß diese Ziele realistisch sind, vom Verkäufer für machbar gehalten werden und er sich für sie begeistern kann. Was aber ist zu tun, wenn der Verkäufer die Ziele wohl einsieht und versteht, sich aber nicht für sie motivieren kann? Dazu gehören z.B. Verhandlungen mit dem Kunden, höhere Preise, Mitteilungen an den Kunden, daß bestimmte Produkte auslaufen etc. Hier war bisher ein wohlmeinender Rat des Chefs oder des Partners "Kopf hoch, du wirst es schon schaffen", eine ganz wichtige Hilfe.

Positiv formuliert

Ein wesentlicher zusätzlicher Schritt sind hier die Erkenntnisse der sogenannten Positiv-Denker wie z. B. Murphy, Carnegie! Sie machen sich die Struktur unseres Unterbewußtseins zunutze, daß ein "NICHT" nicht verstehen kann. "Stellen Sie sich bitte nicht den Eiffelturm vor!" Man muß sich den Eiffelturm vorstellen, um ihn dann sich nicht vorstellen zu können. "Der Kunde darf mir nicht durch die Lappen gehen!" Welches Bild sehen Sie da? Genau das, was Sie nicht wollen!

Die Aufforderung "Stellen Sie sich einmal den Eiffelturm vor!" macht diese Problematik deutlich. Um dieser Aufforderung folgen zu können, müssen Sie sich zuerst ganz kurz den Eiffelturm vorstellen und gerade das tun, was Sie nicht sollen. Hier liegt die Wurzel des sog. positiven Denkens.

Ziele müssen von Ihnen selbst beeinflußbar und von Ihnen selbst zu realisieren sein: Eine Äußerung wie "der Kunde soll viel kaufen" ist ein Wunsch, aber noch kein Ziel, denn es ist nicht von Ihnen und mit Ihnen verbunden. Viel erfolgreicher sind Formulierungen, die auf Sie und Ihre Fähigkeiten bauen. Dazu gehört auch, daß Sie realistische Ziele setzen. Wenn man sich selbst die Ziellatte zu hoch hängt oder auch Bedingungen einbaut, die an die natürlichen, insbesondere die gesundheitlichen Grenzen stoßen, ist die Zielerreichung gefährdet.

Wir steuern unsere Antriebskräfte innerlich nicht nur durch Worte und Bilder, sondern auch durch unsere Gefühle und unter Umständen auch durch Geruch und Geschmack. Die Auslöser von Freude, Vertrauen, Fröhlichkeit, Humor, Wut, Ärger, Enttäuschung sind also erinnerte oder selbst entworfene Bilder, Worte und Gefühle.

Man kann sie vergleichen mit besonderen Filmen, die in unserem Gehirn gespeichert sind, nur, daß dieser Tonbildschau auch noch

Gefühle, Geruch, Geschmack beigegeben sind! Ich nenne diese kompletten "Filme" 5-Kanal-Dias oder kurz 5-K-Dias.

Sie steuern Verhalten wie Freude, Humor, aber auch Ärger und Haß. Es geht jetzt darum herauszufinden, wie bei jedem einzelnen Menschen im Gehirn diese Verhaltensweisen, die uns entweder Energie geben oder nehmen, abgespeichert sind. Die Energie, die durch diese Verhaltensweise und durch unser Nerven- und Hormonsystem in unserem Körper erzeugt wird, läßt sich allein durch Aufrufen der spezifischen 5-K-Dias erzeugen.

NLP stellte fest, was Spitzenverkäufer tun, wenn sie sich mit einem Ziel nicht identifizieren können! Sie machen sich schönere, begeisterndere 5-K-Dias! Wenn ein motivierender Film über das Ziel im eigenen Hirnarchiv nicht vorhanden ist, kann man ihn selbst drehen, ihn in das Hirnarchiv einstellen und zu jeder Zeit abrufen. Unsere Gedanken konstruieren uns ein Ziel in allen Einzelheiten mit allen fünf Sinnen. Unser Gehirn durchlebt quasi gemäß seiner Nerven- und Hormonausschüttungsaktivitäten diesen Zielzustand und den damit eintretenden Erfolg.

Diese in jedem Menschen steckende Fähigkeit, sich selbst gesetzte Ziele gedanklich vorzustellen, ist eine "Sieger-Eigenschaft". Je besser ich meine Ziele in der eigenen Phantasie vorstellen kann, je klarer diese Ziele vor meinem inneren Auge sichtbar werden, desto größer ist die Chance, daß ich diese Verkaufsziele auch erreiche.

Ziele, die langfristig motivieren!

Wir können uns für unsere Verhaltensweisen Ziele setzen, wie zum Beispiel, zu den Kunden freundlicher zu sein etc. und diese Ziele auch langfristig durchhalten. Vielleicht stellen wir nach einiger Zeit fest, daß wir es zwar wollen, aber gar nicht die Fähigkeiten dazu haben. Diese Fähigkeiten werden wir allerdings nur erlernen, wenn wir der Überzeugung sind, daß sie insgesamt unserer Persönlichkeit als Stärke zugute kommen. Wir müßten an diese Fähigkeiten, an diese Verhaltensweise glauben.

Wie läßt sich dieser Glaube, diese Überzeugung, wecken, vor allen Dingen, wenn es um neue Verhaltensweisen und Fähigkeiten geht? Nur der Glaube nützt nichts, wenn wir eine Persönlichkeitsstruktur besitzen, die solche Überzeugungen und Glaubenssätze nicht zuläßt. Die Ebene unserer Identität ist eine schwierigere Entscheidungsebene als die vorher genannte, und daher kann hier die Zielplanung noch viel tiefer verankert werden. Über der Identitätsebene gibt es noch die Mission, und erst wenn diese Frage nach den höchsten Werten geklärt ist, ist es möglich, Verhaltensweisen zu verändern und Verhaltensziele zu erreichen.

Die folgende Übung wird Ihnen ein bißchen merkwürdig vorkommen. Unser Gehirn geht manchmal merkwürdige Wege. Diese Übung orientiert sich dabei an den Wegen und Entfernungen, die unser Gehirn während seiner Verarbeitungsprozesse vollbringt. Gehen Sie auf diese kurze Reise. Vielleicht hilft es Ihnen auch, wenn Sie hin und wieder die Augen schließen und sich wirklich vergegenwärtigen, was Sie in dem jeweils angesprochenen Moment erleben.

Machen Sie folgende Übung einmal mit:

1. Gemäß der Anzahl der unten angegebenen Zielplanungsebenen markieren Sie Orte bzw. Positionen auf dem Fußboden in Ihrem Zimmer oder auf einer Wiese in Ihrem Garten.

    - Mission
    - Identität
    - Werte, Glauben
    - Fähigkeiten
    - Verhalten
    - Umwelt

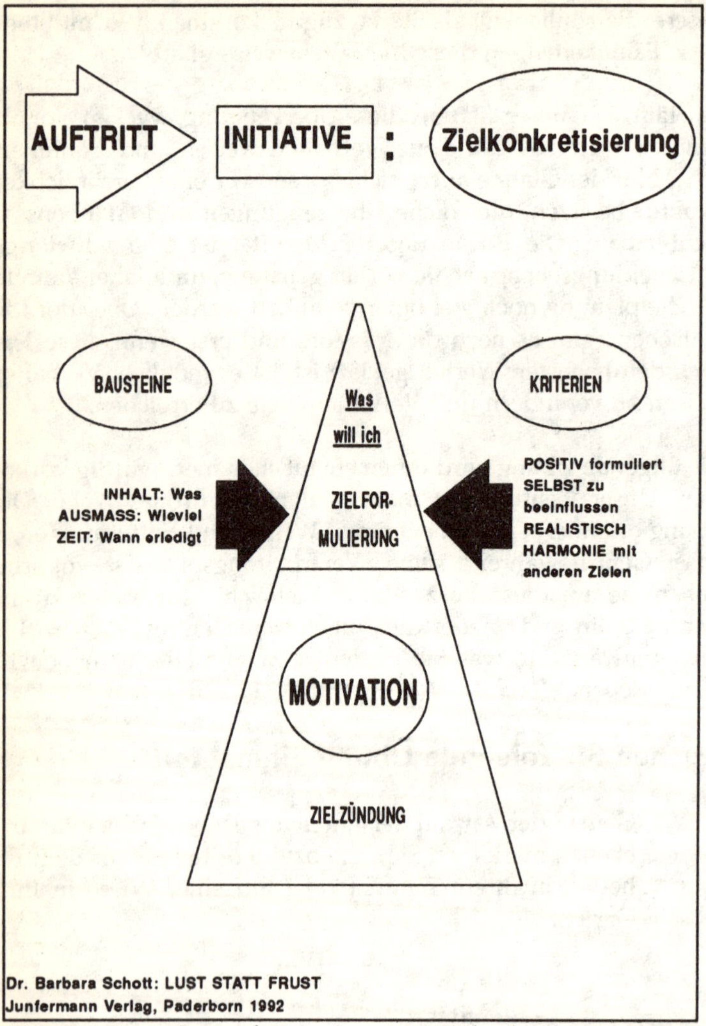

Abb. 17 Bausteine und Kriterien eines Zieles bestimmen dessen Güte.

2. Stellen Sie sich auf den Platz "Umwelt" und fragen Sie sich, wo und wann möchte ich dieses Ziel erreicht haben, was wird sich in meiner Umwelt zeigen, wie werde ich es mit allen Sinnen wahrnehmen, daß ich ein Ziel erreicht habe?

3. Gehen Sie nun weiter auf den Platz "Verhalten" und beantworten Sie die Fragen: "Was möchte ich tun, wenn ich mein Ziel erreicht habe und mich in dem richtigen Umfeld befinde? Über welche Stärke verfüge ich dann?"

4. Stellen Sie sich auf den Platz "Fähigkeiten" und beantworten Sie die Frage, auf welche Art und Weise muß ich mein Gehirn gebrauchen, um diese Stärke zu besitzen? Welche Fähigkeiten habe ich oder brauche ich, um diese Handlung zu diesem Zeitpunkt und in diesem Umfeld auszuführen?

5. Gehen Sie zum Platz "Werte/Glauben" und fragen Sie sich, warum möchte ich jene speziellen Fähigkeiten anwenden, um diese Tätigkeiten zu vollbringen? Welche Werte sind für mich wichtig, wenn ich mit diesen Tätigkeiten beschäftigt bin? Welche Glaubensinhalte habe oder brauche ich, damit ich mich bei der Ausführung dieser Tätigkeiten wohlfühle?

6. Stellen Sie sich auf den Platz "Identität" und beantworten Sie folgende Frage: Wer bin ich, wenn ich diese Glaubensinhalte und Werte habe, und diese Fähigkeiten einsetze, um diese Verhaltensweisen in diesem Umfeld auszuführen? Welche höheren Werte stehen hinter diesen Glaubensinhalten, Werten, Fähigkeiten und Verhaltensweisen? Was ist meine Mission?

7. Gehen Sie weiter zu dem Platz "Mission" und fragen Sie sich: "Welche Werte hat diese Person, die diese

Identität hat, sonst noch? An welcher übergeordneten Vision habe ich teil?"

8. Prägen Sie sich diesen Zustand auf dem Platz "Mission" genau ein, wie atmen Sie, wie bewegen Sie sich, um diese Vision zu erleben. Mit dieser Physiologie und dem inneren Erlebnis gehen Sie auf den Platz "Identität", so daß beide Aspekte gleichzeitig im Körper erlebt werden. Erleben Sie, wie die ursprüngliche Erfahrung der Identität durch die Missionserfahrung gesteigert und bereichert wird.

9. Gehen Sie einen Platz weiter mit der Vision und der Identität auf den Platz "Glauben/Werte". Stellen Sie fest, wie das ursprüngliche Erlebnis der eigenen Werte durch die Mission, die Identität und den Glauben gesteigert und bereichert werden.

10. Gehen Sie auf den Platz "Fähigkeiten", und nehmen Sie alle vorangegangenen Erlebnisse bei sich auf. Erleben Sie, wie die Fähigkeiten, die Sie spüren, verstärken, verändern und bereichern.

11. Bringen Sie nun Ihr Erleben Ihrer Mission, die Identität, Glauben, Werte, Fähigkeiten auf den Platz der Verhaltensweisen. Beobachten Sie, wie die Verhaltensweisen durch diese neuen Erlebnisse bereichert werden, sich bei Ihnen widerspiegeln und Ausdruck aller höheren Ebenen in einem selber sind.

12. Bringen Sie nun alle diese Ebenen und Erlebnisse auf den Platz "Umwelt" und erleben Sie, was sich dadurch bei Ihnen alles verändert und wie bereichernd das Gesamtziel auf allen Ebenen ist.

Ich bin davon überzeugt, daß diese Übung jetzt bereits bei Ihnen zur Veränderung geführt hat. Gönnen Sie Ihrem Gehirn eine gewisse Zeit, mit dem was Sie jetzt gemacht haben, zurecht zu kommen. Wenn Sie am Ende des Jahres auf Ihre heutige Übung zurückblicken, werden Sie feststellen, daß sich bei Ihnen einiges getan und verändert hat.

Sie können die vorstehende Übung auch damit in Ihrer Wirkung verbessern, wenn Sie die Ergebnisse auf den einzelnen Positionen schriftlich niederlegen. Im Anschluß an diese kleine Übung haben Sie nun die Möglichkeit, Ihre Ziele neu zu formulieren:

1. Schritt:
Schreiben Sie Ihren genauen Wunsch im Hinblick auf den Verkauf in diesem Jahr bzw. im nächsten Jahr auf: Bis zum 31.12. d. J. möchte ich folgendes im Verkauf erreichen:

____

____

____

2. Schritt:
Schreiben Sie nun auf, was Sie auf keinen Fall erleben möchten, wenn Sie Ihr Wunschziel verwirklichen, z.B. meine Familie vernachlässigen, die Unterstützung meiner Mitarbeiter verlieren usw. Wenn es Ihnen hilft, gehen Sie dabei vielleicht nochmal alle Positionen durch. Damit Sie möglichst viele Ideen entwickeln, ist es eine gute Regel, alles so hinzuschreiben, wie es Ihnen gerade durch den Kopf geht. Es ist wichtig, daß Sie Ihr Ziel nach allen Seiten auf alle Eventualitäten vorbereiten. Auf unseren Verkaufsseminaren stelle ich immer wieder fest, daß je mehr Ideen die Teilnehmer produzieren, die Befürchtungen umso schlimmer werden, aber nicht unrealistischer.

____

____

____

____

____

____

3. Schritt:
Jetzt schreiben Sie auf, was Sie auf jeden Fall mit Erreichen des neuen Ziels verwirklichen möchten. Oftmals fällt uns dabei sofort das ein, was wir schon immer erreichen wollten. Wie paßt dieses, nennen wir es einmal, Mega-Ziel, mit unserem derzeitigen aktuellen Verkaufsziel zusammen. Wenn das nicht der Fall ist, gibt Ihnen Ihre Liste beim Schritt 2 einige wichtige Hinweise. Was ist Ihnen besonders wichtig bei Erreichen des Ziels?

____

____

____

____

____

4. Schritt:
Kreuzen Sie jetzt auf der letzten Liste alle positive Erlebnisse an, die Sie wirklich erleben wollen.

5. Schritt:
Durchlaufen Sie jetzt für die so gefundenen Positiverlebnisse Ihre vorhin festgelegten Positionen im Raum.

Ist nun Ihr Ziel nach Inhalt, Ausmaß und Zeit klar, schließt sich nun die genaue Planung der zu ergreifenden Handlungen an. Sie können für sich aus diesem Buch die Maßnahmen und Handlungen heraussuchen, die Ihnen am interessantesten erscheinen. Gehen Sie aber so vor, daß Sie sich nicht überladen. Viele der in diesem Buch vorgestellten NLP-Methoden sind komplex und müssen ständig geübt werden. Nutzen Sie also pro Kunde vielleicht zwei oder drei Methoden. Schreiben Sie sich vor jedem Kundengespräch auf, was Sie bei diesem Kunden nutzen wollen:

- Was soll vor dem Verkaufsgespräch geplant werden?
- Welche Einzelaktivitäten sind vor, unmittelbar vor, während und nach dem Verkaufsgespräch zu ergreifen?
- Ab wann sind diese Einzelaktivitäten durchzuführen?
- Wer, außer mir selbst und dem genauen Kunden, ist außerdem noch betroffen?
- Bis wann sollten die Einzelaktivitäten abgeschlossen sein?
- Wann kontrolliere ich meine Aktivitäten?

Vielleicht haben Sie Lust, einen solchen Ziel- und Maßnahmenplan nun einmal für Ihren nächsten Kundenbesuch vorzubereiten. In unseren Verkaufsseminaren hat sich eines bewährt: Je mehr Sie aufschreiben, um so klarer wird Ihnen Ihr Zielbild, um so mehr legen Sie sich vertraglich mit sich selbst fest, um so mehr unterstützen Sie Ihr Gehirn bei der Arbeit im Verkauf.

MASSNAHMENPLAN

WAS?	WER?	AB WANN?	BIS WANN?	KONTROLLE

Dr. Barbara Schott: LUST STATT FRUST
Junfermann Verlag, Paderborn 1992

Abb. 18 *So in etwa sollte Ihr Maßnahmenplan aussehen.*

Ziele gehirn-dynamisch machen

Wenn das Zielbild nicht stabil ist, ist es vielleicht wichtig, noch weitere Veränderungen des Erlebnisses, das einem bisher Probleme machte, vorzunehmen. Vielleicht ist es eine Möglichkeit, das Bild anders zu rahmen.

Legen Sie einen großen goldenen Barockrahmen um Ihr Erlebnis und sehen Sie dieses neue Bild innerlich an und spüren Sie, wie Sie die Situation, die in dem Bild jetzt dargestellt ist, erleben. Für die meisten Menschen relativiert die Rahmung eines Erlebnisses das Gefühl, das mit dem Erlebnis verbunden ist. Alternativ probieren Sie einfach einen ovalen Rahmen, lassen Sie das Bild vergilben wie alte Familienphotos, ergänzen das Bild durch Spiegelfläche, gestalten Sie es als religiöses Bild um, machen Sie einen Edelstahlrahmen oder einen Rahmen aus verwittertem Holz, oder einen Plastikrahmen darum. Und prüfen Sie jedesmal, wie sich Ihre Gefühle verändern.

Zu dem Rahmen lassen sich Verzierungen hinzufügen. Eine Museumslampe, die über dem Bild angebracht ist, wirft vielleicht ein anderes Licht auf das Geschehen, oder ein Votivkerzenhalter auf einem Platz darunter, oder das Bild befindet sich plötzlich in einer Galerie Ihrer Lieblingskünstler, und wenn es sich z.B. um Monet oder van Gogh handelt, sieht es plötzlich aus wie ein echter Monet oder wie ein van Gogh.

Vielleicht laden Sie noch einige Betrachter in die Galerie ein und sehen Sie deren erstaunte Gesichter, während sie ihr Barockgemälde oder ihren echten van Gogh betrachten. Vielleicht müssen auch einige darüber lachen, was sie sehen, und Sie prüfen immer, wie sich Ihr Gefühl verändert. Ziel ist die Neutralisierung einer bisher problematischen Erfahrung, und die Umgestaltung des inneren Bildes und damit der belastenden Gefühle.

Es kann sein, daß Ihr inneres Erlebnis sehr stark von inneren Stimmen begleitet ist. Eine Methode ist, einem anderen diese Geschichte zu erzählen, der sich darüber ausschütten kann vor Lachen. Und das geht so:

1. Denken Sie an eine Situation oder stellen Sie sich lebhaft eine derartige Situation vor, in der Sie mit einem Bekannten/Freund sprachen, möglichst jemandem, dem Sie vertrauen, der zudem reich an Weisheit und Erfahrung ist. An einem bestimmten Punkt in Ihrem Gespräch fand er oder sie das, was Sie sagten, so lustig, daß er sich vor Lachen nicht mehr halten konnte. Er lachte so sehr, daß er Schwierigkeiten beim Atmen bekam, und er mußte sich die Tränen aus den Augen wischen, während er weiterlachen mußte, entgegen allen seinen Versuchen, damit aufzuhören.

2. Denken Sie nun an ein Problem oder eine schlechte Erfahrung, die Sie umerleben möchten.

3. Stellen Sie sich nun lebhaft vor, daß Sie Ihrem Freund, Ihrer Freundin von diesem Problem erzählen. Sobald Sie die Grundzüge Ihres Problems dargestellt haben, fällt er vor Lachen fast vom Stuhl, und er kann gar nicht damit aufhören. Er strengt sich zwar an, was auch immer Sie machen, mit dem Lachen aufzuhören, aber es gelingt ihm nicht, er lacht immer heftiger.

4. Denken Sie wiederum an Ihr Problem. Welches Gefühl haben Sie jetzt? Meistens ist der Ernst aus der Situation, weil durch das innerlich gehörte Lachen die meisten abträglichen oder herabsetzenden oder beleidigenden eigenen Stimmen gelöscht werden.

Es kann natürlich auch sein, daß Sie jetzt erst richtig ärgerlich werden, daß sich jemand über Ihr ernstes Problem ausschütten kann vor Lachen. Auch das kann ein guter Schritt sein, weil Ärgern immer noch besser ist als festgefahren zu sein in Trauer oder Gefühlen der Unzulänglichkeit. Alles, was beiträgt, die eigenen Bedürfnisse überhaupt festzustellen und in Ziele umzuwandeln und Kräfte zu sammeln, um seine Ziele auch partnerorientiert durchzusetzen, ist nützlicher als in der Trauer hockenzubleiben.

Das Praliné-Muster

Allein das Guiness-Buch der Rekorde macht deutlich, daß Menschen sich häufig auf recht zufällige und unsystematische Art zu etwas motivieren, was zwar Aufsehen erregt, ihrer Gesundheit oder ihren sonstigen Zielen aber entgegensteht. Bandler ist diesem Phänomen nachgegangen und hat ein Muster im Gehirn entdeckt, mit dem man sich sehr schnell und intensiv für seine Ziele motivieren kann.

1. Motivierendes Bild: Sie sehen ein Praliné oder etwas, was Sie gern hätten, oder was Sie unwiderstehlich anzieht, so vor sich, als ob Sie es tatsächlich live erlebten (assoziiert).

2. Gleich daneben machen Sie sich ein Bild von Ihrer Aufgabe, und sehen Sie, wie Sie fähig sind, diese Aufgabe sehr gut auszuführen, d.h. Sie sehen sich im Gegensatz zum ersten Bild selber zu, und Sie sehen sich, daß Sie fähig sind, diese Aufgabe gut auszuführen und das Ausführen auch zu genießen.

3. Zielüberprüfung: Gibt es irgendein anderes Ziel, das Sie dann weniger gut erreichen würden, wenn Sie diese Aufgabe gut erledigten?

4. Die Veränderung:

- Sehen Sie das Bild mit der Aufgabe (Nr. 2) vor Ihrem geistigen Auge mit dem motivierenden Bild (Nr. 1) direkt dahinter. Öffnen Sie schnell ein kleines Loch im Zentrum des Bildes Nr. 2, so daß Sie das Bild Nr. 1 durch dieses Loch sehen können. Öffnen Sie das Loch rasch so weit, bis Sie wieder dasselbe Gefühl haben, das Sie bei dem Betrachten des Bildes 1 haben.

- Jetzt lassen Sie das Loch schnell wieder zusammenschrumpfen, aber nur so schnell, wie Sie die gefühlsmäßige Reaktion auf das Bild Nr. 1 aufrechterhalten können.

- Wiederholen Sie die beiden Schritte mehrere Male, so schnell Sie können. Das Ziel ist es, das Gefühl des motivierenden Bildes mit dem des Aufgabenbildes zu verbinden.

5. Test: Schauen Sie sich nochmal das Bild der Aufgabe (Nr. 2) an. Wie ist Ihr Gefühl? Ist das Bild, ist die Aufgabe attraktiver für Sie? Wenn nicht, wiederholen Sie den Schritt 4 oder gehen Sie auch zurück zu den vorhergehenden Schritten, um den ganzen Ablauf noch einmal durchzuspielen.

Wie läßt sich dieses Praliné-Muster anwenden: immer dann, wenn man von der Nützlichkeit der Aufgabe überzeugt ist, aber keine Lust dazu hat. Wenn man sich durch das Übertragen der Lust aus anderen Bereichen für diese Aufgabe besser motiviert. Verkäufer, die ungern telephonieren oder Hausbesuche machen, benutzen dieses Praliné-Muster mit Erfolg, indem sie hinter ihre Telephonate oder Hausbesuche, in denen sie sich ja sehr fähig und flexibel von außen sehen, ein Praliné-Bild anbringen und das Gefühl langsam auf das andere Aufgabenbild übertragen.

Die Zielqualität

Eines der Geheimnisse der wirklich erfolgreichen Verkäufer ist, daß sie jede Aktivität, jeden Zeitbaustein unter ein kontrollierbares und meßbares Ziel stellen. Man unterscheidet verschiedene Kategorien von Zielen:

- Langfristige Ziele (Lebensziele)
- Mittelfristige Ziele (ca. 1 - 5 Jahre)
- Kurzfristige Ziele (ca. 12 Monate)

Differenziert wird auch zwischen Hauptzielen und Zwischenzielen. Die Unterteilung bildet eine Rangreihenfolge der Ziele. Welche Ziele sind die wichtigsten in meinem Leben, und welche werden zweit- und drittrangig verfolgt?

Andererseits stellen Zwischenziele die einzelnen Schritte zur Erreichung des Hauptziels dar. Hauptziele können durch die vielen kleineren Ziele nicht nur leichter realisiert werden, sondern die schrittweise Annäherung läßt ein solches Ziel nicht mehr, wie vielleicht anfangs, unerreichbar erscheinen. Auf einmal ist es zum Greifen nahe.

Wenn Sie es schwarz auf weiß sehen, daß Sie Ihrem Ziel immer näher kommen, erhöht das Ihre innere Zufriedenheit, und es motiviert ungemein.

Teilen Sie sich Ihre Ziele in diese Kategorien ein, können sie besser geplant und auch leichter realisiert werden. Ziele müssen außerdem selbst beeinflußbar sein. Die Grundlage eines Zieles darf nicht sein, daß ein anderer etwas tun muß, sondern man selbst muß es realisieren können. Besonders wichtig ist es auch, daß die verschiedenen Ziele miteinander harmonieren, d.h. kein Ziel darf ein anderes blockieren oder gar mit ihm konkurrieren. Sonst dreht sich alles nur im Kreis, und man erreicht dadurch keines seiner Ziele. Sie sollten sich nicht scheuen, sehr klare, anspruchsvolle Ziele zu setzen. Diese müssen aber auf jeden Fall realistisch bleiben.

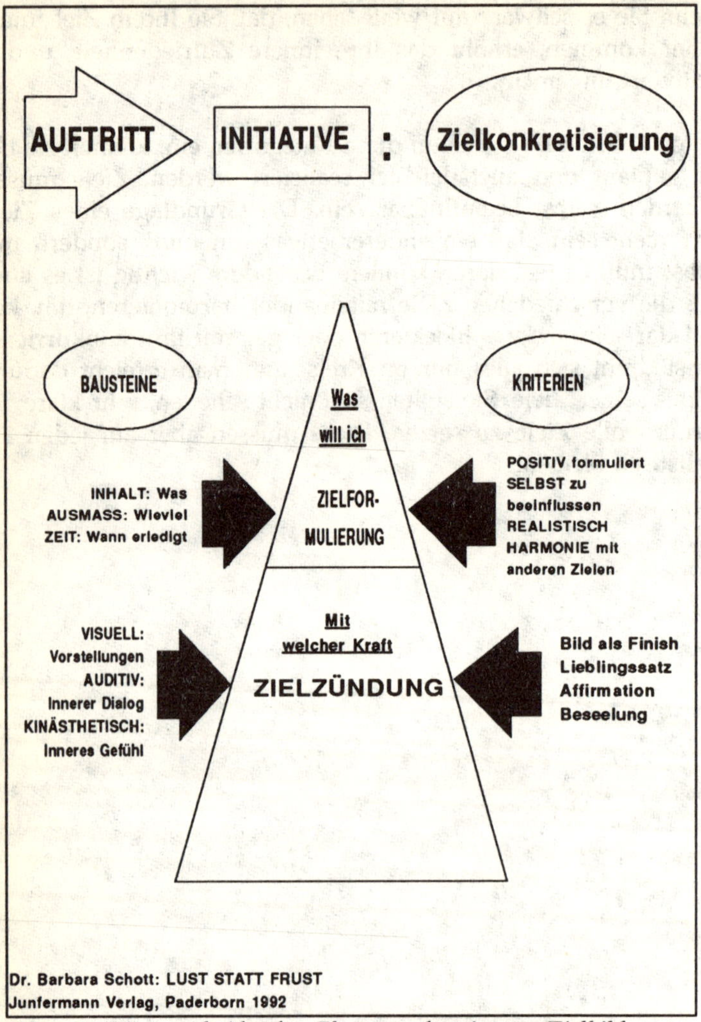

Abb. 19 Die entscheidenden Elemente der eigenen Zielbildung.

Fazit:

Erinnern Sie sich noch an unsere Frage?

Meine Antwort jetzt:

____

____

____

____

Meine persönlichen Erkenntnisse:

____

____

____

____

Wann und bei welchem Kunden wende ich das an?

Name des Kunden: ____________________

Datum:

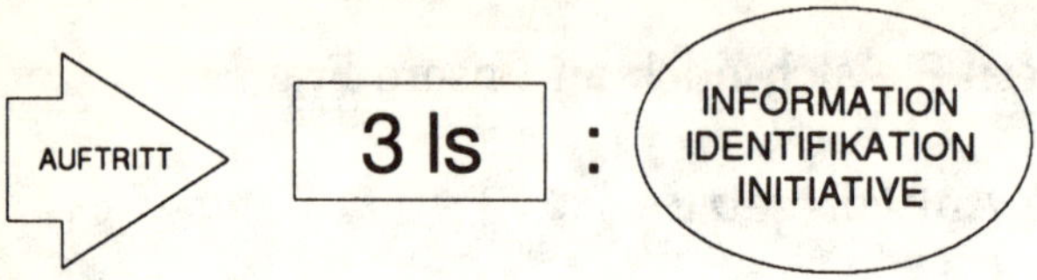

BAUSTEINE	UM WAS GEHT ES	METHODEN
INFORMATION	EIGENE TALENTE KENNENLERNEN	VOM: ÄRGER ZUM COOL BLEIBEN, RUCK GEBEN, HUMOR
IDENTIFI-KATION	DIE STIMMUNG MUSS STIMMEN	ICH ALS VER-KÄUFER HABE LEITBILDER, AFFIRMATIONEN, BIN BESEELT
INITIATIVE	ZIELE UND MASS-NAHMEN FÜR DIE BEVORZUGTE ZIEL-GRUPPE PLANEN UND DURCHSETZEN	MESSBARE, MOTIVIERENDE, REALISTISCHE ZIELE "ANPACKEN"

Dr. Barbara Schott: LUST STATT FRUST
Junfermann Verlag, Paderborn 1992

***Abb. 20** Kurzübersicht zum Thema "Auftritt".*

ANBAH-
NUNG

3 Ks :

KONTAKT
KAUFPROZESS
KAUFINTERESSE

BAUSTEINE	UM WAS GEHT ES	METHODEN
KONTAKT	EINSTIMMEN, BEZIEHUNG AUFBAUEN	DIE CHANCE: RICHTIG EINZUSTIMMEN!
KAUFPROZESS	WUNSCHBESTIMMUNG	DIE CHANCE: RICHTIG FRAGEN!
KAUFINTERESSE	DAS RICHTIGE ANGEBOT	DIE CHANCE: RICHTIG ANBIETEN!

Dr. Barbara Schott: LUST STATT FRUST
Junfermann Verlag, Paderborn 1992

Abb. 21 Die Anbahnung: Um was es geht.

FRAGE:
Wie sehen Sie Ihren Kunden an?

Bitte kreuzen Sie das an, was Ihnen am meisten entspricht:

- ◯ Direkt in die Augen.
- ◯ Aufmerksam zwischen die Augen.
- ◯ Abwechselnd auf Augen und Mund.

Ihre Erfahrung:

____

____

____

____

Schau mir in die Augen ...!

Welches ist für Sie der optimale Blickkontakt?

Folgende Sammlung habe ich von den Teilnehmern meiner Verkaufsseminare! Eigentlich müßte es eine Antwort geben, wie man den Kunden anschaut, so daß er sich wohlfühlt! Manche Verkäufer sagen dann: Das unterscheidet sich danach, je nachdem, wie gut ich einen Kunden kenne. Wenn ich ihn gut kenne und leiden mag, schaue ich ihn anders an, als wenn ich ihn nicht so gut kenne oder auch weniger akzeptiere! Das genau ist der Punkt. Gerade ein Kunde, den ich als Verkäufer noch nicht so gut leiden kann, dem bin ich wahrscheinlich auch fremd!

"Den habe ich ganz freundlich angeschaut (z. B. den schimpfenden Kunden) und langsam beruhigte er sich wieder!" Was jungen Verkäufern vielleicht noch Schwierigkeiten bereitet, ist alten Hasen eine Selbstverständlichkeit: die Zuwendung zum Kunden ist das A und O zum Aufbau der Verkaufsbeziehung, und Zuwenden heißt auch im buchstäblichen Sinne, den Körper, das Gesicht und die Augen dem Kunden ständig zugewendet zu halten! Die Frage, die sich dabei ergibt, ist, schaue ich den Kunden dauernd an, schaue ich auch mal weg? Wie mache ich es, wenn ich meine Unterlagen ansehen möchte, wann lege ich sie auf den Tisch, wie ist es mit Ordnern und Tischklapptafeln - der Kunde sitzt auf der einen Seite und ich auf der anderen Seite! Wie weiß der Kunde, daß ich für ihn da bin, daß ich seine Wünsche erkenne und erfahren möchte und feststellen möchte, wie ich seinen Nutzen durch mein Angebot erhöhen kann?

"Er kann mir nicht in die Augen schauen", "Er hat einen fragenden Blick in den Augen", "Seine Augen sprechen Bände..."

Solche und ähnliche Äußerungen zeigen, wieviel Bedeutung wir dem Blickkontakt beimessen. Wie kommt das? Und wie sollte man in Zukunft seine Partner ansehen, wenn man von ihnen gehört werden will?

Erste Frage: Muß man immer jemanden ansehen, wenn man mit ihm sprechen will? Probieren Sie es selber aus. Sprechen Sie mit jemand und wenden Sie sich langsam ab und gucken Sie woanders hin. Inwieweit fühlt sich der andere überhaupt noch gemeint, angesprochen? Obwohl "angesprochen" darauf hindeuten läßt, daß es um das "Hören" geht, können viele in der Regel besser hören, wenn sie deutlich sehen, wer zu ihnen spricht. Das gipfelt darin, daß Brillenträger sagen: "Bitte gib mir meine Brille, dann kann ich dich besser verstehen."

Daß Blicke gerade in der Kennenlernphase besonders wichtig sind, hat mit unseren unbewußten Verhaltensweisen aus uralter Zeit zu tun, deren Funktion im Zwischenhirn gelagert ist. Das Zwischenhirn als Sitz der Emotionen, des Antriebs und aller anderen unbewußten Verhaltensweisen, war das wesentliche Hirn, das vor Millionen Jahren unsere Fortentwicklung steuerte und zwei wesentliche Antriebe gespeichert hatte: Flucht und Angriff.

In uralter Zeit mußte man sich relativ schnell informieren können, ob Flucht oder Angriff angemessen waren oder ob überhaupt keine Gefahr drohte und man sich entspannen konnte.

Der Sinneskanal, der gleichzeitig die meisten Informationen aufnehmen kann, sind die Augen. Außerdem ist dieser Sinneskanal relativ streßunanfällig, d. h. auf der Flucht oder beim Angriff können wir unsere visuellen Erinnerungen, unsere inneren Bilder, so abrufen, wie sie gespeichert wurden. Bei der auditiven Erinnerung ist das nicht so leicht möglich, weil die Körperhaltung eine sehr viel größere Rolle spielt. Die Stimmsäule, eine Luftsäule, die sich je nach der Muskelanspannung verändert, verändert direkt unsere innere Stimme und unsere Hörerfahrung.

Was hier deutlich wird: Wir haben zwei verschiedene Fähigkeiten, die Welt mit unseren Augen wahrzunehmen:

- *Die Orientierung:* Hier versuchen wir, möglichst viele Details mit den Augen aufzunehmen und benutzen unsere Augen wie eine Kamera, die punktweise die Umwelt abrastert. Je genauer die punktuellen Bildeindrücke sind, desto vollständiger ist das in unserem visuellen Gehirnzentrum gespeicherte Bild.

  Dieses sogenannte fokussierte Sehen wird vom Mitmenschen als abschätzend, abwertend empfunden. Frauen sagen oft innerlich, manchmal auch laut: "Haben Sie genug gesehen, können Sie mich jetzt wieder anziehen?" Diese Art des Wahrnehmens ist besonders wichtig unter Streß. In alter Vorzeit war es sehr wichtig bei Gefahr zu erkennen, ob die Distanz zum Angreifer noch für Flucht reichte, oder ob man zum Angriff übergehen mußte.

  Da Gefahr bzw. heute Streß, für uns unbewußt bedeutete, daß wir uns körperlich darauf vorbereiten mußten, entweder mit Kraft anzugreifen oder zu fliehen, werden wir mit Adrenalin versorgt. Die Muskeln werden angespannt zur Vorbereitung auf Flucht oder Angriff. Wenn man etwas sehr intensiv und genau wahrnimmt, also fokussiert sieht, und das über längere Zeit, merkt man, wie sich die Muskeln anspannen. Heute haben wir in der Regel keinen Überlebensstreß, aber volle Fahrstühle, Kritik, etc. aktivieren unseren Neandertaler genau wie früher! Sie kennen folgende Situation vielleicht auch: Vier Menschen stehen in einem Aufzug, der für 6 Personen bestimmt ist, ein fünfter kommt hinzu. Wie werden Sie ihn ansehen? Kurzer, musternder Blick, dann Augen senken? Jeder hat das schon mal erlebt, man macht sich halt keine Gedanken darüber. Es ist eine unangenehme Situation, weil es so eng ist, und man steht sie eben durch.

Im Extremfall, unter Streß, sehen wir fokussiert und können den Streß sofort abbauen, indem wir wie Humphrey Bogart sehen:
"Schau mir in die Augen, Kleines!", so Humphrey Bogart zu Ingrid Bergman in dem berühmten Filmklassiker "Casablanca". Wer kennt die Szene nicht, wie er seine Filmpartnerin anguckt und sie dahinschmilzt! Ich als Zuschauerin schmelze jedesmal mit! Sich so auf den Kunden einstellen, ihm so deutlich zu machen, wir beide werden dein Problem lösen, das ist die Chance eines Verkaufsberaters, eines Verkäufers, eines Reklamationsbearbeiters! Nur dann wird der Kunde sich so wohlfühlen, sich so lebendig fühlen und sich so gut aufgehoben fühlen, daß er bei gleichwertigen Konditionen Ihnen genau den Vorzug gibt!

Wir sehen nicht mehr einzelne Punkte und setzen sie ganz schnell und möglichst genau zu einem Bild zusammen, sondern wir sehen einen ganzen Ausschnitt und damit Bewegungsabläufe, die Einzelheiten sehen wir aber nicht mehr so genau.

- ***Das periphere Sehen*** bezeichnet unsere Art, die Welt als einen Ausschnitt, nicht punktweise wahrzunehmen. Um das bewußt zu machen, gibt es folgende Möglichkeit: die Hände vor die Augen nehmen, so daß man sie sehen kann, und ein bißchen damit wackeln, dann die Hände langsam auseinandernehmen, so daß man sie im Augenwinkel (peripher) immer noch sehen kann. Die Augen aber auf die ganze Fläche vor einem richten. Mit diesem sogenannten peripheren Blick kann man sein Gegenüber stundenlang ansehen. Das als Streß empfundene Abrastern des Anderen wie beim fokussierenden Sehen entfällt, man parkt quasi die Augen auf einem ganzen Ausschnitt. Die Iris wird immer stärker durchblutet, je größer das Interesse an diesem Ausschnitt ist. Bei Verliebten sagt man, daß sie sich nicht aus den Augen lassen können, daß sie sich mit den Augen gegenseitig auffressen... .

Der Blick für Verliebte! Warum nicht auch für unsere Kunden?

Die Körpermotorik, die mit diesem peripheren Blick verbunden ist, ist entspannt und weich. Der Wechsel von fokussiert zu peripherem Sehen bedeutet gleichzeitig, daß der Körper entstreßt wird. Es sind die Bewegungen unserer Handgelenke, die uns hierbei helfen. Fast so, als ob man Motorrad mit Handgas fährt, denn so wird der ganze Muskelkörper gelockert! In der Regel geht man mit dem Kopf nach hinten und mit dem Oberkörper ein bißchen höher und aktiviert dadurch auch die visuellen Gehirnzentren stärker, man hat plötzlich einen größeren Ausschnitt, einen Überblick, und bleibt nicht so fokussiert auf die Problemsituation.

Fokussiertes Sehen unter Streß läßt sich nachvollziehen, indem man sich vergegenwärtigt, welche bildlichen Erinnerungen man an Streßsituationen hat. Meistens sieht man nur einen kleinen Ausschnitt sehr klar, den Rest sehr verschwommen (siehe Grafik).

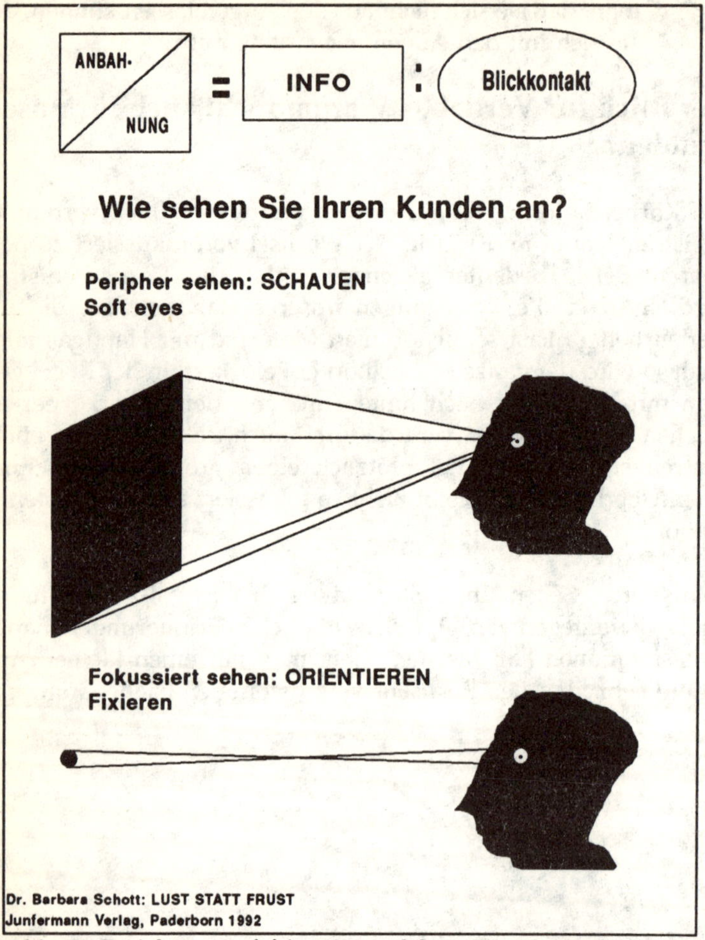

Abb. 22 *Peripheres und fokussiertes Sehen: Die Unterschiede*

Fazit:

Erinnern Sie sich noch an unsere Frage?

Meine Antwort jetzt:

____

____

____

____

Meine persönlichen Erkenntnisse:

____

____

____

____

Wann und bei welchem Kunden wende ich das an?

Name des Kunden: ____________________

Datum:

FRAGE:

Wie bestimmen Sie die optimale Distanz zum Kunden?

Bitte kreuzen Sie das an, was Ihnen am meisten entspricht:

- ○ Armeslänge.
- ○ 80 - 110 cm.
- ○ Nach Gefühl.

Ihre Erfahrung:

____

____

____

____

Die richtige Distanz zum Kunden

Dem Kunden zu nah auf die Pelle rücken oder zu viel Abstand halten, beides ist von Übel! Wer weiß das nicht, und viele Verkaufstips beziehen sich genau auf diese Frage: Welches ist die richtige Distanz zum Kunden? Intuitiv hat jeder von uns ein Gefühl dafür, wie dicht er an den Anderen herangehen kann. Nur: um welches Gefühl handelt es sich? Ist es das Gefühl des Partners oder das eigene?

Die Distanz muß dem Kunden gefallen, nicht dem Verkäufer! Das ist die eherne Grundregel.

Zwei Wege haben sich bisher abgezeichnet:

- Aus dem Rückschluß, dem Kunden in Deutschland noch die Hand geben zu können, einigten sich die meisten Autoren auf einen Abstand von Armeslänge, ca. 1 m, um sicherzugehen, daß man dem Partner auch die Hand reichen kann. Der amerikanische Professor für Anthropologie, Edward T. Hall, hat z.B. vier Distanzzonen eingeteilt:

  Intime Distanz: 0 - 0,60 m. Hier geht es um die Eltern-Kind-Beziehung und Liebesbeziehung. In diese Zone lassen wir nur Personen eindringen, die unser vollstes Vertrauen genießen. Wer diese Enge sucht, muß vorher Vertrauen aufgebaut haben, quasi eine Erlaubnis haben!

  Persönliche Distanz: 0,60 - 1,50 m. Sie wird auf Empfängen und Festen eingenommen beim Miteinandersprechen. Eine Berührung des Anderen ist bei dieser Distanz nicht mehr möglich. Mit der persönlichen Distanz endet der für die Person geschützte Raum.

Gesellschaftliche Distanz: 1,50 - 4,00 m. Dieses ist die Distanz für alle Fremdpersonen wie auch den Verkäufer.

Die öffentliche Distanz: 4 - 8 m. Das ist die Distanz zwischen Redner und Publikum, Lehrer und Klasse.

Dazu gibt es weitere praktische Tips, z.B.:

dem Kunden gehören 2/3 des Tisches, dem Verkäufer der verbleibende Teil.

Der Aktenkoffer darf nicht auf den Tisch des Kunden gestellt werden.

Wird ein Kunde zu Hause besucht, setzt man sich am besten an den Ort, an dem normalerweise in der Familie Entscheidungen getroffen werden, in der Regel ist dies der Eßtisch.

Bei diesen Anweisungen geht es um Erfahrungswerte, mit denen tausende von Verkäufern die richtige Distanz zu ihren Kunden fanden! NLP geht jetzt einen Schritt weiter und liest die richtige Distanz an der Mimik, an der Gestik und an der Körperhaltung des Kunden ab!

Machen Sie ein kleines Experiment:

- Denken Sie an jemanden, der immer zu weit weg ist, der immer auf Abstand geht, dessen Distanz zu Ihnen bei allen Gesprächen zu groß ist! Spüren Sie in Ihrem Körper nach, wie sich Ihre Haltung verändert, haben Sie eine bestimmte Gestik, eine Körperbewegung, wie ist Ihr Muskeltonus, Ihre Augenspannung?

- Denken Sie an jemand, der genau die richtige Distanz wählt, egal, ob er neben Ihnen hergeht, ob er Ihnen gegenüber sitzt, ob Sie sich etwas zusammen ansehen! Wie fühlt sich das in Ihrem Körper an, und was können Sie an sich selbst beobachten? Entspannt sich Ihr Kiefer, wie verhält sich Ihre Augenpartie, Ihre Wangen, Ihre Schultern, gibt es eine bestimmte Körperhaltung?

- Denken Sie an jemanden, der immer zu nahe rutscht, der Ihnen zu sehr auf der Pelle sitzt. Wie fühlt sich das innerlich bei Ihnen an? Testen Sie wieder alle körperlichen Signalzonen wie Kiefern, Nacken, Schultern, Geneigtheit des Körpers ab!

Wenn Sie diesen Test mehrfach durchlaufen, werden Sie merken, daß sich die optimale Distanz an der Mimik des Kunden ablesen läßt. Jedesmal geht es um seine individuelle Mimik. Manche Kunden haben entsprechende Gesichter und liegen offen vor Ihnen wie ein Buch. An ihnen läßt sich studieren, wann Sie die optimale Distanz erreicht haben!

■ Aus der Beobachtung: wann fängt der Kunde an, einen Schritt zurückzugehen, zurückzuweichen, sich nach irgendeiner Seite zu neigen, um die Distanz zum Verkäufer zu vergrößern?

NLP hat hier eine präzise Hilfe: Die Distanz richtet sich danach, welchen Ausschnitt der Welt der Kunde sehen will. Liebt der Kunde große Bilder und möchte er immer sehr viel von seinem Kunden sehen, dann braucht er eine größere Distanz! Ist er mit einem kleineren Ausschnitt, z.B. nur mit dem Augenausschnitt zufrieden, so braucht er eine kleinere Distanz.

Wie sieht man nun, welche Art Distanz der Kunde benötigt? Die Lösung heißt: Blickverhalten, Mimik und Gestik des Kunden beachten.

Fazit:

Der Partner zeigt Ihnen in seiner ganz individuellen Mimik und Gestik, wo für ihn die optimale Distanz liegt:

- Der Blick wechselt von peripher zu fokussiert, der Kunde schließt unbewußt die Augen.

- Augen werden schmaler, Kinn tritt mehr hervor, Lippen werden dünner.

Fazit:

Erinnern Sie sich noch an unsere Frage?

Meine Antwort jetzt:

____

____

____

____

Meine persönlichen Erkenntnisse:

____

____

____

____

Wann und bei welchem Kunden wende ich das an?

Name des Kunden: ____________________

Datum:

FRAGE:

Wie bauen Sie einen guten Draht zum Gesprächspartner auf?

- ◯ Ich frage nach dem Befinden.
- ◯ Ich lächle ihn an und warte, daß er beginnt.
- ◯ Ich mache ihm ein ehrliches Kompliment.

Ihre Erfahrung:

____

____

____

____

Der gute Draht

Nicht nur Kevin Costner tanzt in seiner Einöde mit dem einzig vertrauten Lebewesen - einem Wolf - in dem preisgekrönten Film "Der mit dem Wolf tanzt"! Wer einen guten Draht zu seinem Kunden hergestellt hat, wer den Kunden versteht und vom Kunden verstanden wird, der befindet sich auf der gleichen Wellenlänge und "tanzt" mit seinem Kunden. Das NLP hat dieses unbewußte "Tanzen" unter die Lupe genommen und folgendes festgestellt: wenn zwei Menschen sich gut verstehen, sich vertrauen, gleichen sich beide sowohl in der Sprache, der Sprechweise, der Körperhaltung, der Stimmlage und der äußeren Erscheinung einander an! Das passiert instinktiv und völlig unbewußt. Wir besitzen in unserem Zwischenhirn einen Sinn für "soziale Synchronisation", wir bewegen uns sozusagen im gleichen Takt und fühlen uns dann besonders wohl.

Wahrscheinlich, so die Forschung, war es in den Anfängen der Menschheit entscheidend, ob sich ein Mensch im Takt mit anderen Menschen bewegen konnte. Wenn man mit einer Gruppe von ca. 50 Personen Großwild jagt, muß man in der Lage sein, wesentliche Informationselemente zuverlässig zu empfangen und zu übermitteln. Wenn einer sagt, "wirf den Speer links", und man überhört das Wort "links", kann das tödliche Folgen haben. Die Forscher glauben heute, daß es der Rhythmus ist, mit dem wir einander damals wie heute zeigen, daß wir zur gleichen Gruppe gehören und wann wir zuhören müssen: "Du mußt mir zuhören, und zwar jetzt, nicht früher und auch nicht später." Dieses "jetzt" ist der Rhythmus. Und sobald sich ein regelmäßiger Rhythmus eingestellt hat, ist er vorhersehbar, und man fühlt sich unter seinesgleichen und geschätzt.

Vertrauen, die notwendige Basis, um überhaupt Geschäfte mit einem Kunden machen zu können, ist heute durch das NLP genau erklär- und erlernbar. Es ist die bisher unbewußte Fähigkeit, sich dem Kunden und Partner so weit wie möglich in allen Schwingungsarten anzugleichen, sozusagen in die Ebbe und Flut seiner Gedanken, seiner Handlungen und seiner Denkprozesse einzutauchen und mitzuschwimmen.

Wer erinnert sich nicht an die ersten Tanzversuche? In der Tanzschule wurde den Jungen beigebracht zu führen, und den Mädchen sich führen zu lassen. Je mehr sich die Partnerin auf ihren Partner eingetanzt hat, um so eher wird sie die Richtung bestimmen können, wenn sie es will, ohne ihren Partner darum zu bitten. Das Paar wird ans Fenster tanzen, wenn sie frische Luft möchte oder in die Nähe eines anderen Paares, wenn sie sich unterhalten will! Aus dem "der Tänzer führt" wird eine einzige Bewegung!

So ist es zu erklären, daß manche Kunden uns ganz vertraut sind, obwohl man sie gar nicht lange kennt, und man einfach keinen Draht kriegt zu anderen, die man schon häufig besucht hat! Das miteinander Schwingen und miteinander Tanzen tritt automatisch ein, wenn man einander vertraut. Denn gleiche Schwingungen führen zu physischer Resonanz, die man als Wohlgefühl erlebt.

Gleich und Gleich gesellt sich gern!

Erinnern Sie sich jetzt einmal an die Kunden, bei denen Sie sich besonders wohlfühlen, zu denen Sie besonders gern gehen, mit denen Sie besonders gern Geschäfte tätigen?

Wie weit ähneln sie sich in:

- der Sprache und der Sprechweise,
- der Bewegung von Armen, Kopf und Händen,
- im Aussehen,
- in den Einstellungen, Hobbies, Neigungen?

Und jetzt denken Sie an die Kunden, mit denen Sie nicht so gut zurechtkommen. Haben die nicht schon eine schnellere oder eine langsamere Sprechweise, andere Hobbies, sehen so aus, wie Sie nie aussehen möchten, leben in einer Welt, zu der Sie nicht gehören möchten?

Wir mögen Menschen, die so sind wie wir! Gleich und Gleich gesellt sich eben gern! Wir identifizieren uns mit ihnen, fahren die gleichen Autos, wir gehören den gleichen Vereinen an, wir sehen uns die gleichen Fernsehprogramme an, wir hören vielleicht die gleiche Musik.

Intuitiv weiß das jeder, auch viele Verkaufstrainings weisen darauf hin, daß man sich für die Themen und die Interessen des Kunden erwärmt, um ihn besser zu verstehen!

Das Neuro-Linguistische Programmieren prüfte folgendes: Steigert ein bewußtes Angleichen auch das Vertrauen?

Durch bewußtes Imitieren der Schwingungen des Gegenüber - so NLP - müßte dann wiederum eine innere Übereinstimmung erzeugt werden können. Die Praxis hat gezeigt, daß genau diese Annahme richtig ist. Ein bewußtes Einstimmen auf die Schwingungen des Kunden erzeugt beim Partner ein Gefühl der Übereinstimmung, so daß die Beziehung viel schneller hergestellt und Vertrauen aufgebaut werden kann. Schlüssel ist das Hineinversetzen in den Gesprächspartner, um die Schwingung im richtigen Rhythmus aufnehmen zu können. Das bedeutet, daß man ihn auch besser versteht - man stellt sich ja in ihn hinein! Das Sprichwort "Man sollte jemanden erst verurteilen, wenn man ein Jahr in seinen Schuhen gelaufen ist" spiegelt diese Erkenntnis wider: wir verstehen jemanden nur, wenn wir seine Schwingungen nachvollziehen und so selbst erleben!

Kontakt herstellen: Einstimmen durch Zustimmen?

"Wenn der Kunde mehrfach 'Ja' sagt, dann wird er auch dabei bleiben!" Diese alte Verkäuferregel stimmt nur bedingt. Sie zielt ab auf das intuitiv immer schon bekannte Einstimmen durch Zustimmen. Allerdings muß das Einverständnis sich auf denselben Sachverhalt beziehen, vor allen Dingen auf kaufrelevante Umstände. Wenn der Kunde in bezug auf die Wahl seines Ferienzieles, auf die Ausstattung seines Büros, das Design auf seinem Briefpapier mit dem Verkäufer übereinstimmt, so heißt das noch lange nicht, daß er den vom Verkäufer angebotenen Nutzen auch gleich will! Was beim Einverständnis wichtig ist, ist die Erkenntnis, daß Zustimmen die Synchronisation fördert, und Ablehnung oder Aussagen wie "ja, aber" sie verhindert! Sollte der Verkäufer jedem Einwand des Kunden deshalb zustimmen? Aus intuitiver Einsicht haben sich viele Verkäufer das "ja, aber" angewöhnt, was genau das Gegenteil bewirkt! Das "Ja" wird durch das "aber" außer Kraft gesetzt, man hat noch weniger erreicht, als wenn man gleich "Nein" gesagt hätte!

Außerdem hat der Kunde die Idee, der Vertreter redet ihm erst nach dem Mund, um ihn dann doch noch umzustimmen! Die Zustimmung muß gegeben werden in bezug auf das, was im Augenblick wirklich stimmt. Wenn dem Kunden z. B. in der Einwandphase der Preis zu hoch ist, so kann sich das Einverständnis nicht auf die Preishöhe beziehen, sondern darauf, daß sowohl über die Leistung als auch über die Finanzierung gesprochen werden muß! Einstimmen in der Sache bedeutet Zustimmen da, wo es für den Verkäufer richtig ist.

Gleiche Werte führen zur Wertschätzung!

Die äußere Erscheinung - Nadelstreifen in der traditionelleren Unternehmung und Blue Jeans im kreativen Team - sendet Signale, die der Verkäufer genau wahrnehmen und auf die er sich einstimmen muß! In manchen Firmen duzt man sich vom Chef bis zum Azubi, in anderen werden alle Titel genauestens beachtet und in der Anrede verwendet. So, wie zu einer bestimmten Hierarchiestufe die Ausstattung des Büros paßt, wird von Ihnen als Verkäufer erwartet, daß Sie dieser Kultur in Ihrem Auftreten entsprechen, sonst reagiert der Kunde unbewußt auf diese Unstimmigkeit und wird seine Wertschätzung einem Verkäufer zuwenden, der seine Werte schätzt.

In den meisten Unternehmen gibt es eine Reihe von Regeln, die häufig nicht mal bewußt befolgt werden. Wer sitzt wo, wer beginnt die Eröffnung einer Verhandlung, wer gibt wem zuerst die Hand? All das drückt Werte und Bewertungen aus, die der Verkäufer sehr genau beobachten und auf die er sich einstimmen sollte!

Wann ist das Thema dran?

Versierte Verkäufer wissen nur intuitiv, wann die Anwärmphase zu Ende ist, so daß sie mit dem Angebot beginnen können! Neulinge verpassen diesen Punkt leicht. Dies führt dann oft dazu, daß der Kunde manchmal unwillig sagt: "Sie sind doch nicht hergekommen, um mit mir über meinen Urlaub zu reden!" Noch schlimmer geht es jungen Verkäufern, wenn nach einer zu langen Anwärmphase der Kunde sagt: "So, das wars. Ich hatte 10 Minuten Zeit für Sie reserviert und die sind um!" Was man vorher nicht wußte, kann man heute genau beobachten, ohne den Kunden zu fragen: "Sind Sie jetzt aufnahmebereit für mein Angebot oder für Fragen nach Ihrem Nutzen?"

Man versetzt sich in den Rhythmus des Partners, man stimmt sich ein, man spiegelt und imitiert diskret die Körperbewegungen, die Stimme, den Atemrhythmus des Partners. Nicht die genaue Nachahmung ist entscheidend, sondern die Aufnahme des Rhythmus. Sich auf den anderen einstimmen ist die Voraussetzung für das Bestimmen der Richtung des Verkaufsgesprächs!

Nach einer Weile des Einschwingens und Einstimmens und des sich in den Rhythmus, in die Schwingung Hineinversetzens, die dem Kunden zu eigen ist, wechselt man respektvoll und sehr unmerklich den Rhythmus. Man faltet z. B. die Hände, lehnt sich langsam nach hinten oder auf eine bestimmte Seite, auf der man vorher nicht saß, etc. Folgt der Kunde dann diesen Schwingungsänderungen und schwingt sich auf den Verkäufer ein, so ist die Beziehung stimmig, der gute Draht hergestellt, dann bestimmt der Verkäufer!

Dieses System aus Einstimmen und Bestimmen, aus Einschwingen und Führen läßt sich sowohl auf verbale als auch auf nonverbale Rhythmen übertragen:

■ Verbales Einstimmen
Hier wird die Sprache und die Sprechweise des Kunden imitiert. Die Regel, den Kunden möglichst häufig mit seinem eigenen Namen anzusprechen, entstammt der intuitiven Erkenntnis, daß die Worte, die der Kunde selber sehr häufig hört oder auch gebraucht, nämlich seinen eigenen Namen, ihm sehr vertraut sind, so daß der Vertrauensaufbau über das Einstimmen schneller geht. Schwierig ist immer die Gratwanderung, diese Technik der Namensnennung nicht überzustrapazieren! Man merkt die Absicht, und man ist verstimmt, könnte man mit Goethe sagen. Die Grenze ist das Nachäffen.

Beim Einstimmen in bezug auf die Sprache geht es um die Wortwahl, Redewendungen, den Satzaufbau. Bei der Sprechweise geht es um die Tonlage, den Sprechrhythmus und die Sprechgeschwindigkeit. Jede Art des Einstimmens signalisiert dem Partner und Kunden: "Ich spreche genau deine Sprache: deine Worte sind mir vertraut. Ich bin dir ähnlich. Ich bin wie du."

■ Nonverbales Einstimmen
Nachahmen lassen sich die Gestik, die Mimik, die Haltung, die Atmung, die Bewegungen der Körperteile, wie z. B. des Kopfes, der Arme, der Hände, der Schultern.

Das nonverbale Einstimmen und Bestimmen heißt für den Verkäufer, sich der eigenen Rhythmik bewußt zu werden, genau zu wissen, welche Eigenschwingungen er selbst hat. Es geht darum, dem Kunden genau zuzuhören, ihn genau zu beobachten und sich in ihn hineinzufühlen, um seinen Rhythmus sowohl verbal als auch nonverbal zu erspüren und diskret übernehmen zu können. Fingerspitzengefühl, Intuition und eine gehörige Portion Übung sind nötig, damit das Einstimmen als Verkäufer auf den Rhythmus des Kunden als ganz normales Verhalten beim Kunden ankommt!

Gerade beim nonverbalen Einstimmen lassen sich einige Fehler vermeiden: lehnt sich der Kunde zurück oder geht er im Gespräch einen Schritt zurück, so folgt ihm der ahnungslose Verkäufer automatisch und lehnt sich vor oder rückt dem Kunden nach, anstatt dem angezeigten Rhythmus zu folgen und sich auch zurückzulehnen oder auch einen Schritt zurückzugehen.

Sind die Rhythmen des Kunden sehr verschieden vom eigenen Rhythmus, dann würde der Kunde es als unnatürlich empfinden, wenn man diesen Rhythmus nachmacht, z. B. sehr ausladende Handgestik oder erregte Verhaltensweisen in Konfliktsituationen müssen anders widergespiegelt werden.

Atmen Sie mit

Vielleicht ist Ihnen der Gleichklang über die Körperbewegungen zu mühsam oder zu verräterisch. Absolut diskret und noch effektiver ist die Imitation des Atemrhythmus: er läßt sich spiegeln, indem Sie immer dann, wenn Ihr Gegenüber ausgeatmet hat, auch ausatmen und beim nächsten Wort, das er sagt, mit dem Einatmen beginnen. Manchmal heben sich die Schultern oder auch der Brustkorb, dann ist es natürlich leichter, das Atmen zu imitieren. Vielleicht erinnern Sie sich jetzt, in welchen Situationen Sie sich auch sehr am Atemrhythmus orientieren, z. B. beim Einschlafen schaltet Ihr Bewußtsein ab, und Sie atmen ganz automatisch mit Ihrem Partner mit. Elegant ist auch folgender Beziehungstest: verlangsamen Sie oder beschleunigen Sie Ihren Atemrhythmus. Folgt Ihr Partner innerhalb von ca. 20 Sekunden?

Schwieriger zu bewerkstelligen als das Mitatmen ist die Imitation des Lidschlags. Man weiß heute darüber noch nicht sehr viel, sicher ist aber, daß der Lidschlag der Ausdruck eines ganz wesentlichen Rhythmus im Menschen ist. Experten behaupten sogar, die Lidschlagimitation sei noch effektiver als die Atemdoppelung. Eins muß ganz deutlich gesagt werden: sowohl das Spiegeln als auch das Kreuzspiegeln als auch das Testen des Gleichklangs, ganz zu schweigen vom Mitatmen oder Spiegeln des Lidschlages, muß geübt werden!

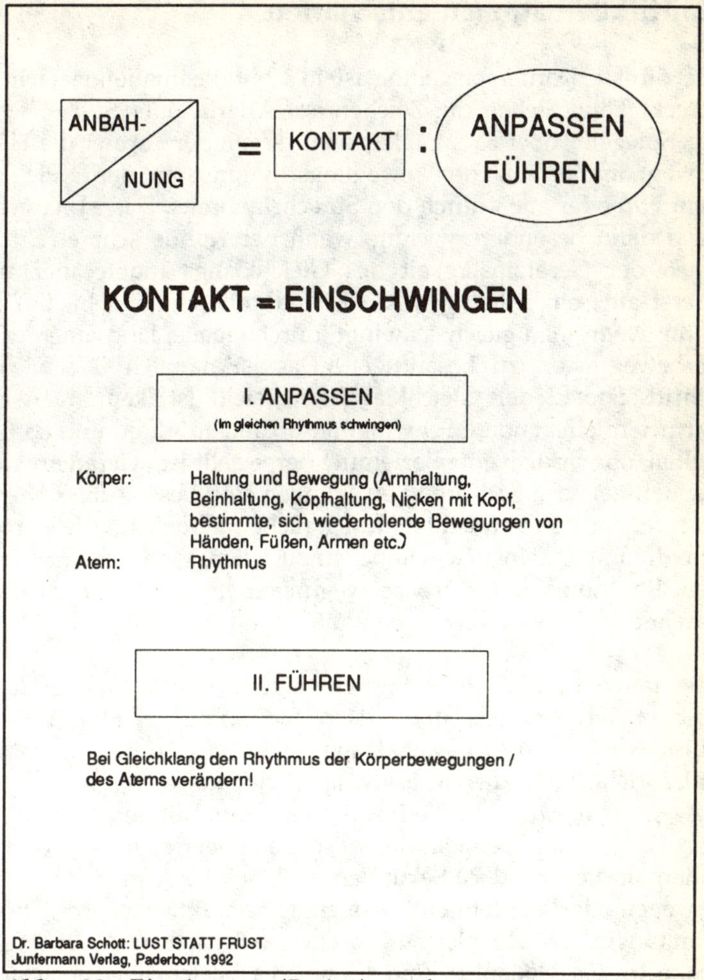

***Abb.* 23** *Einstimmen (Pacing) und Bestimmen (Leading) zusammengefaßt.*

Konfliktsituationen entschärfen

Die direkte Körperspiegelung ist in Konfliktsituationen nicht so zweckmäßig: Stehen die Zeichen auf Angriff oder Sturm, so ist das Spiegeln "über Kreuz" eleganter. Wenn der Partner die Hand bewegt, imitiert man den Bewegungsrhythmus mit dem Knie oder dem Fuß oder auch durch den Sprechrhythmus. Das ist natürlich auch dann besonders wichtig, wenn der Kunde sehr erregt ist. Nach der Gesetzmäßigkeit des Gleichklangs müßte man sich zuerst auf seinen heftigen Körperrhythmus einpendeln, um ihn dann, wenn man gleich schwingt, durch eigene, langsamere Körperbewegungen zu besänftigen. Das ist nämlich der nächste Schritt. Sobald der Gleichklang hergestellt ist, kann man den Partner in eine andere Schwingungsart hineinführen und so feststellen, ob wirklich eine Beziehung hergestellt ist. Gerade wütende, heftige, zornige Körperbewegungen sind besser "über Kreuz" zu spiegeln, dann braucht man sich nicht innerlich auf die Körperschwingungen seines Gegenüber einzustellen, sondern man nimmt den Rhythmus der Körperbewegungen in der Sprache durch Fingerklopfen oder Fußwippen auf.

Wie lange dauert dieses Einschwingen? Ewig? Eine einfache Antwort: Testen Sie, und testen Sie immer wieder, ob das Einschwingen, der Gleichklang schon eingetreten ist! Man unterbricht kurz das Mitschwingen, indem man eine andere Bewegung macht, hebt die Hand oder wippt mit dem Fuß. Wenn der Gleichklang beim anderen schon eingetreten ist, wird er innerhalb von rund 20 Sekunden auch seinen Arm in Kopfhöhe bewegen oder mit dem Fuß wippen. Je nach Intensität des Gleichklangs wird er sehr gleiche Bewegungen machen. Wenn er sich schon im Gleichklang befindet, aber der Gleichklang noch nicht sehr tief ist, wird er eine ähnliche Bewegung machen, er wird z. B. nicht den Arm in gleicher Weise hochheben, sondern vielleicht seine Brille zurechtrücken. Solange er seine Hand in Kopfhöhe hebt, ist ein Gleichklang hergestellt. Das ist das Zeichen: eine Beziehung ist hergestellt, das Thema kann beginnen!

Stimmung spiegeln

Gerade zu Beginn eines Verkaufsgesprächs ist es wichtig, daß der erste Eindruck sitzt. Wenn wir beispielsweise ein vorgefertigtes Begrüßungsprogramm als Vertreter abspulen, so kann es leicht passieren, daß wir damit auf keinen Fall den Nerv des anderen treffen, oder den Nerv so treffen, daß unser Gesprächspartner keinen Nerv mehr hat, mit uns zu sprechen. Ist es denn nicht oft auch so, daß dieses aufgesetzte Begrüßungsprotokoll zu Beginn eines Verkaufsgesprächs oft an der Stimmung des Kunden vorbeigeht? Denken Sie etwa an folgende Verkaufssituation, wie es einem unserer Klienten passiert ist: Er besuchte einen schwierigen Stammkunden von ihm, der, als er diesmal zur Tür hereinkam, ihn nicht wie gewohnt mit einem mürrischen "Viel Zeit habe ich aber nicht" begrüßte, sondern zum Fenster rausschaute und dem eintretenden Verkäufer den Rücken zeigte. Die Begrüßung wurde von diesem Kunden auch nicht erwidert, so daß der Verkäufer völlig verunsichert trotzdem sein Begrüßungsprogramm abspulte und ihm frohgelaunt sagte: "Ja, Herr Müller, an so einem schönen Tag ist es vernünftig, ein paarmal zu entspannen und aus dem Fenster zu schauen."

Der Kunde drehte sich aber nicht um und schien auch keine weiteren Bewegungen oder Anstalten zu machen, seine Reserviertheit aufzugeben. Der Verkäufer fuhr fort, auf ihn einzureden, von dem angenehmen Weg hierher, und daß sofort ein Parkplatz zu finden war, von der hübschen Sekretärin im Vorzimmer usw. Plötzlich drehte sich der Kunde um und sagte in einem ruhigen Ton: "Machen Sie, daß Sie hier verschwinden. Sie können in Zukunft woanders Ihren Ramsch loswerden."

Was war passiert? Nun, es fehlte der Respekt für den anderen. Später im Seminar sagte uns der Verkäufer: "Wieso Respekt? Ich war doch freundlich." Es gibt Zeiten, wo man freundlich sein kann, und Zeiten, wo man einfach still die Stimmung des anderen respektiert. Dem Kunden war ja klar, daß der Verkäufer eingetreten war. Insofern mußte der Verkäufer nicht durch das einstudierte Begrüßungsprogramm nochmals auf sich aufmerksam machen.

Akzeptieren Sie die Stimmung des Kunden als gegeben. Respektieren Sie seine Niedergeschlagenheit, Trauer, Depression. Wenn Sie wirklich Ihr Produkt diesem Kunden verkaufen wollen, um damit Geld von ihm zu bekommen, um damit Gewinn zu machen, dann sollten Sie selbst die Einstellung entwickeln, alles was vom Kunden kommt, ob Geld oder die miese Stimmung, ist Teil dieses Verkaufes. Man kann eben nicht nur einen Teil des Verkaufs, nämlich nur den Gewinn oder die Provision einstreichen. Es geht immer um das Ganze, immer um den ganzen Kunden. Nur wenn der Verkäufer sich um das Ganze bemüht, erhält er sich diesen Stammkunden auch weiterhin. Um das Ganze eines Kunden zu erfassen, sagen Sie zu sich selbst beim Eintritt während der ersten 7 Sekunden des Gesprächs: "Ich verstehe dich, ich akzeptiere dich wie du bist, ich respektiere dich wie du bist." Aussagen, die unweigerlich bei Ihnen dann im Kopf auftauchen, lassen Sie zu dem Schluß kommen: "Ich erlebe die Stimmung meines Kunden mit ihm zusammen und ärgere mich nicht über diese Stimmung."

Überlegen Sie einmal für sich selbst, welche möglichen äußeren Hinweise, wie Körperhaltung oder sonstiges Verhalten auftreten können, die Ihnen anzeigen, in welcher Stimmung Ihr Kunde ist. Erstellen Sie eine Liste zu den folgenden unterschiedlichen Stimmungen, die bereits zu Beginn oder während eines Verkaufsgesprächs auftreten können. Welches sind die Hinweise für Streß, Interesse, schlechte Laune, Enthusiasmus, Ungeduld, Depression, Vergnügen, Verwirrung usw.?

BAUSTEINE	UM WAS GEHT ES	METHODEN
KONTAKT	EINSTIMMEN, BEZIEHUNG AUFBAUEN	GLEICHKLANG * KÖRPER/ATEM * SPRACHE/ SPRECHWEISE * INHALT AKTIVES ZUHÖREN

WIE BAUEN SIE VERTRAUEN AUF ?

Dr. Barbara Schott: LUST STATT FRUST
Junfermann Verlag, Paderborn 1992

Abb. 24 *Tragen Sie bitte ein, wie Sie Vertrauen aufbauen!*

Fazit:

Erinnern Sie sich noch an unsere Frage?

Meine Antwort jetzt:

____

____

____

____

Meine persönlichen Erkenntnisse:

____

____

____

____

Wann und bei welchem Kunden wende ich das an?

Name des Kunden: ____________________

Datum:

FRAGE:

Hören Sie Ihrem Kunden richtig zu?

Bitte kreuzen Sie das an, was Ihnen am meisten entspricht:

- ○ Ich stelle Fragen.
- ○ Ich nicke mit dem Kopf.
- ○ Ich schaue den Kunden an.

Ihre Erfahrung:

____

____

____

____

Fragen = Zuhören?

Gilt das auch für Sie? Dann bietet sich hier eine neue Chance, genauer zu erleben, was der Kunde wirklich möchte!

Um ganz sicher zu gehen: Zuhören bedeutet, nur einer spricht, nämlich der Sprecher, und der Zuhörer schweigt. Zuhören hat damit zu tun, daß wir als Verkäufer ganz intensiv "unsere Ohren aufsperren". Nur, wie geht das?

Wie wir hören, was wir hören, wird durch die sog. psychische Struktur des Ohrs bestimmt. Das kann tatsächlich mit dem Stimmklang zu tun haben, muß aber nicht!

Eine Mutter schenkt ihrem Sohn zwei Hemden. Der zieht eines freudestrahlend an und sagt: "Schön, wie das paßt!" Sie: "Das zweite gefällt dir wohl gar nicht!" Die Mutter hat buchstäblich mit dem falschen Ohr gehört.

Die Bedeutung, die wir einer Information geben, hängt davon ab, wie unser "psychisches Ohr" den Klangcharakter der Stimme wahrnimmt. Das kann etwas mit der tatsächlichen Stimme zu tun haben, muß es aber nicht. Insgesamt kann das Ohr drei Strukturen unterscheiden, die ganz unterschiedlich auf den Energiefluß des Körpers wirken:

- Appell: hierunter fallen:
  - Befehle: Stehlen Sie mir nicht meine Zeit!
  - Warum-Fragen: Warum stören Sie mich?
  - Verneinungen: Ich will jetzt keine Zeit opfern.

Wie Sie Ihren Kunden durch zündende Worte führen können zeigt folgende Übersicht:

Es wirken:	Negativ:	Positiv:
	Befehle	W-Fragen
	Nein?	Ich-Aussagen
	Warum?	Gleichnisse
I. Befehle:		
	müssen	Was sind Ihre Überlegungen?
	notwendig	Wie läßt sich das lösen?
	erforderlich	Wie kann ich Ihnen helfen?
	aber	Wie gefällt Ihnen...?
		Was müssen wir bedenken?
II. Verneinung		
	nicht	Was geht dann?
	nein	Wie läßt sich das berücksichtigen?
	Negativaussage	Was ist Ihr Thema?
	kann nicht	Welche Alternativen gibt es?
	geht nicht	
	darf nicht sein	
	haben wir nicht	
	Problem	
	versuchen	

III. Warum:

Angesprochen wird die Vergangenheit.

Welche Erfahrungen lassen sich für die Zukunft nutzen?

Mit der Appellstruktur ist eine bestimmte innere Klangstruktur verbunden, die direkt auf die Körperhaltung einwirkt und negativen Streß erzeugt. Alle Rückenmarkwurzeln hängen vom Hörnerv ab, und daher werden alle Bewegungen vom Ohr kontrolliert. Klang und Stimme haben eine enorme Auswirkung auf die Motorik und die Beweglichkeit des Körpers. Das Körpergefühl sitzt im Ohr - Verteilung von Spannung im Körper, Verkrampfung oder Schlaffheit, Muskeltonus, Motorik und Feinmotorik werden durch das Ohr als Kontrollorgan kontrolliert. Alle akustischen Reize wirken auf den Körper ein.

Interessant ist, daß Befehle über die Rückenmarkwurzeln wie Keulen, d. h. wie Angriffe auf den Körper wirken.

Der Kunde sagt z.B. "Zu teuer", der Käufer hört einen Befehl: "Sei billiger!", und Stammhirn und Zwischenhirn reagieren mit Flucht oder Angriff: Der Verkäufer "befiehlt": "Sie müssen auch die Leistung sehen!" Kampf statt Spiel ist die Folge, mit dem Ergebnis von zwei Verlierern.

Wichtig ist die Bewußtheit, daß die Klangstruktur auch ganz anders interpretiert werden kann:

- Fragestruktur: Dies ist eine sehr aufbauende, aufladende Klangstruktur, die meistens auch mehr Töne hat und damit das Gehirn auflädt; hieraus kommt auch der Glaubenssatz für gute Verkäufer: "Wer fragt, führt!"

Betrachtet man die Äußerung des Kunden "Kein Interesse" für sich selbst als Frage nach der Wichtigkeit des Themas, so erlebt man die Botschaft physiologisch völlig anders und energievoller: Die Frage des Verkäufers kann dann beispielsweise lauten: "Welches Thema ist für Sie in der kurzen Zeit von Interesse?"

■ Die Erzählstruktur; statt innerlich den Appell zu hören: "Kein Interesse!", hört man eine Feststellung, wie z. B. "Im Augenblick habe ich kein Interesse", und sofort kommt man in die eigene Fragestruktur: "Wenn Sie heute kein Interesse haben, wann hätten Sie dann Interesse?"

Was uns fehlt, ist der Knopf im Ohr, der auch Befehle des Kunden automatisch klanglich umfärbt! Die Hilfe ist das Ziel: ein gemeinsam vereinbartes Ziel, das die gegensätzlichen Ziele von Kunden und Verkäufer unter einen Hut bringt. Der Weg zum Ziel muß

- Spaß machen, so daß der Verkäufer automatisch Fragen stellt, wenn der Kunde sich abgrenzt und Einwände hat;

- ein neues Jeder-gewinnt-Ziel als Ergebnis haben.

Dafür sind spezielle NLP-Interventionen nötig, um sich selbst in die Lage zu versetzen, aus dem Dis-Streß herauszukommen und Informationen zielorientiert zu erhalten und aufzunehmen.

Zuhören und Fragen

Das Schweigen beredt zu hören, bedeutet, daß der Zuhörer sich auf eine Perspektive konzentriert und schweigt. Dann kann er sich noch selber energetisieren. Um das Einstimmen und das Mitschwingen mit dem Kunden zu intensivieren, schwingt man automatisch körperlich mit dem Kunden mit. Noch intensiver wird natürlich die Beziehung, wenn man auch die Stimme einsetzt. Von der Bedeutung der Klangstruktur unseres Ohres her gesehen wird deutlich, daß es für eine körperliche Harmonie nur Aussagen oder

Fragen geben kann. Ein Zwischenschritt ist das sog. aktive Zuhören, indem man einzelne Worte mit einer neuen Betonung in eine Frage kleidet.

Der Kunde: "Ich lege Wert auf genaue Lieferung." Verkäufer: "Genaue Lieferung?"

Wie lange spiegelt man den Inhalt dieser Worte als Frage?

So lange, bis man als Verkäufer genau sinnesspezifisch weiß, welches Bild, welche Worte, welches Gefühl der Kunde innerlich erlebt, wenn er "pünktliche Lieferung" sagt! Eine Antwort, in die der Verkäufer sich hineinversetzen kann, ist z.B.: "Bei einer telephonischen Bestellung erwarten wir die Lieferung innerhalb von 24 Stunden an unsere Laderampe!" Diese Kundenaussage läßt sich genau feststellen, weil Ort und Zeit bestimmt sind!

Ganz besonders wichtig beim Zuhören ist die Technik des aktiven Zuhörens bei Reklamationen! Hier gibt es einige Hilfen:

1. Das Wort, das ich heraussuche zum Wiederholen als Aussage oder Frage, wird im Kunden ein Erlebnis hervorrufen! Daher ist es wichtig, nur Worte herauszusuchen, die positive Erlebnisse aufrufen. Das ist im Reklamationsfall eine Gratwanderung.

   Beispiel: Der Kunde: "Sie haben zu spät geliefert, und meine Kunden sind alle sauer und abgesprungen!"

   Wenn jetzt der Verkäufer die Worte "zu spät", "sauer", "abspringen" wiederholt, wird er diese Erlebnisse im Kunden noch verstärken! Das kann nicht der Sinn einer Reklamationsbehandlung sein. Vor allen Dingen bringt es dem Kunden keine neue Energie.

Alternativ: Der Verkäufer konzentriert sich auf Erlebnisse, die der Kunde haben möchte: die Verknüpfung in eine Frage oder eine Aussage kann dann nur so eingeleitet werden:

"Es geht also um Ihre Kunden..."

Die Formulierung "Es geht" ist aus der Information, aus der Themenperspektive, und läßt dem Kunden die Möglichkeit, jetzt noch genauer auszudrücken, ob das Wort "Kunde" ihn schon Erlebnisse aus der zukünftigen Richtung aufrufen läßt oder noch Streßerlebnisse aus der Vergangenheit. Alternative Formulierungen sind "Habe ich richtig verstanden, daß..." oder

"Sie meinen also..."

Zuhören hat mit Schweigen zu tun! Um energievoll schweigen zu können, ist es möglich, einen Teil unserer Methoden zu nehmen, den Sie schon kennen: den zentrierenden Gaumenpunkt: Sie legen Ihre Zunge hinter die oberen Schneidezähne und aktivieren so Ihre Atmung und Ihre Energieversorgung. Das stellt sicher, daß Sie nicht gleichzeitig sprechen können! Das beste Fragen nützt nichts, wenn der Kunde eigentlich gar nicht zu Wort kommt. Man kann ihn auch totfragen!

Reden ist Silber und Schweigen ist Gold, aber es geht hier um ein beredtes Schweigen!

Da schweigendes Zuhören sich auf drei Perspektiven beziehen kann, erkunden wir diese Perspektiven in uns und verankern sie! Sie können dann mit Ihrer Körperhaltung oder auch bestimmten kinästhetischen Ankern bestimmen, ob Sie sich mehr auf

- das Thema oder
- die Probleme des Partners oder
- die Partnerbeziehung konzentrieren.

Thema: Wann haben Sie sich wirklich für ein Thema interessiert? Das wird die Klangstruktur Ihres Ohrs bestimmen. Sie achten dann viel mehr auf die Worte, die das Thema betreffen, als auf die Worte, die z.B. die Umstände des Partners oder die Beziehung betreffen. Diese Klangstruktur verhindert natürlich, daß Sie etwas als Appell hören!

Sie versetzen sich wieder mit allen Sinnen in einen Augenblick zurück, wo Sie nur das Thema interessiert. Der Sprecher war egal, die Umstände waren egal. Wie es gesagt wurde, war nicht mehr erinnerlich. Nur, um welches Thema ging es? Erleben Sie dieses themenzentrierte Verhalten und bemerken Sie, wie Sie sitzen, wie Ihre Körperachse ist. Sind Sie mehr nach rechts oder nach links geneigt? Was ich in vielen Jahren beobachten konnte, war, daß die Konzentration auf das Thema bedeutet, daß die Körperhaltung relativ gerade ist, die linke und die rechte Seite sind gleich betont, man hat Zugang zu vergangenen Erlebnissen und gestattet auch zukünftige Vorstellungen und Erfahrungen! Auch der Rücken ist mehr in einer 90-Grad-Position zur Sitzunterlage, wenn Sie sitzen! Wenn wir Informationen gezielt aufnehmen, aktivieren wir alle unsere Zentren, und keines ist bevorzugt!

Das ist anders, wenn wir uns innerlich auf den Partner ausrichten: Die Perspektive Du hat eine andere Körperpositionierung, und vielleicht haben Sie Lust, das auszuprobieren:

Hineinversetzen in den Partner: Denken Sie zurück an eine Situation, in der Sie sich wirklich für den Partner, für den Kunden interessierten. Wo Sie wirklich wissen wollten, was beschäftigt ihn, wie denkt er, wer ist er? Es ging überhaupt nicht um Sie, sondern nur um ihn. Mit dieser Ohrausrichtung ist natürlich auch die Ausrichtung der anderen Sinnesorgane nur auf den Partner verbunden! Dieser Ausschnitt der Welt wird vergrößert und im Gehirn verarbeitet. Wenn Sie sich jetzt in diese Situation zurückversetzen und in ein Erlebnis, wo für Sie der Partner, der Kunde das Wichtigste war, zurückversetzen, wie ist Ihre Körperhaltung jetzt? Sehen Sie das Erlebnis aus der Erinnerung mit den eigenen Augen, spüren Sie den Atem, setzen Sie sich noch einmal so hin wie damals, und erleben Sie, wie Sie sich bisher immer schon auf Ihren Partner konzentrierten!

In der Regel ist die Körperhaltung mehr auf rechts betont (für Rechtshänder), man aktiviert im Gehirn die Zentren, die neue Informationen aufnehmen. Natürlich können wir neue Informationen auch nur verstehen, wenn wir sie auf dem Hintergrund der schon erlebten Informationen "verstehen"! Die Betonung liegt aber auf neuen Informationen vom Partner! Da es wirklich um die Klänge, die Töne, den Rhythmus der Worte des Anderen geht, ist die echte Hörposition meistens damit verbunden, daß der Körper etwas nach vorne geneigt ist, mehr nach rechts vorn als nach links.

Natürlich behalten Sie diesen peripheren Blick bei, ohne den der Partner sich gar nicht angesprochen fühlen kann!

Diese Haltung unterscheidet sich in der Regel deutlich von der Ausrichtung auf die Beziehung! Bei dieser Ausrichtung geht es darum, daß sowohl Ihre eigenen Belange als auch die Partnerwünsche in Einklang gebracht werden! Die Partnerperspektive: jetzt erlebe ich den Anderen und mich. Wieder versetzen Sie sich in ein Erlebnis, wo es wirklich um Partnerschaft ging, wo wir sowohl zuhörten als auch überlegten, wie Sie die Beziehung stärken können!

In der Regel ist der Körper wieder sehr symmetrisch und nach vorne geneigt, im Gegensatz zur Perspektive Thema.

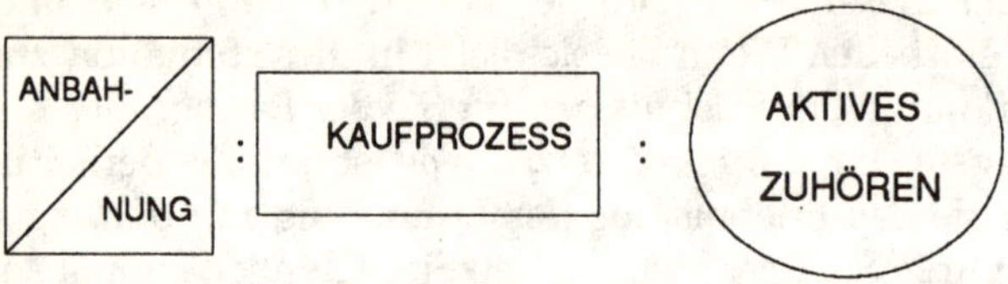

AKTIVES ZUHÖREN

1. Schritt: * Einschwingen: Anpassen/Führen über Körper

2. Schritt: * Wortwahl des Kunden merken
* Sinn des Gesagten erfassen
* in eigenen Worten ausdrücken

3. Schritt: * Testen: Kunde nickt, bejaht, fährt fort

Beispiel:

Kunde: Die Farbe gefällt mir nicht

Sie: Es geht also um die Farbe, da stellen Sie sich etwas anderes vor!
oder: Was stellen Sie sich vor?

Dr. Barbara Schott: LUST STATT FRUST
Junfermann Verlag, Paderborn 1992

***Abb.* 25** *Verdeutlicht die Abfolge des Aktiven Zuhörens.*

Fazit:

Erinnern Sie sich noch an unsere Frage?

Meine Antwort jetzt:

Meine persönlichen Erkenntnisse:

Wann und bei welchem Kunden wende ich das an?

Name des Kunden:

Datum:

FRAGE:

Wie vermitteln Sie Ihren Kunden den Nutzen Ihres Produktes?

Was halten Sie für zutreffend?

- ○ Ich erkläre dem Kunden die Vorteile meines Produktes.
- ○ Ich argumentiere anhand der Kundenwünsche.
- ○ Ich überzeuge mit meiner Begeisterung.

Ihre Erfahrung:

____

____

____

____

Nutzen, der ankommt!

Durch aktives Zuhören und genaue Fragen können Sie sich ein immer besseres und vollständigeres Bild des Zieles machen, das der Kunde verfolgt, und Sie haben schon ein Bild, wie Ihre Leistung in dieses Zielbild hineinpaßt! Sie kennen die Kaufstrategie und wissen, ob Sie den Kunden eher über seine Augen, über Referenzkunden und seine Ohren, über das Fühlen und Ausprobieren, über das Riechen und Schmecken erreichen! Jetzt kommt die Gelegenheit, Ihren Nutzen zu präsentieren! Was genau ist das Ziel:

Während Sie sprechen und vielleicht auf Bilder oder auf den Leistungsgegenstand selbst zeigen, muß es dem Kunden möglich sein, innerlich ein Bild davon aufzubauen, wie er einen größeren Nutzen durch Ihre Leistung hat als durch jede andere Konkurrenzleistung oder durch das, was er schon hat, er muß hören, wie ihn seine Bezugspersonen bestätigen und muß insgesamt ein besseres Gefühl haben als wenn er bei der Konkurrenz kaufte oder bei seiner alten Leistung bleibt.

Der Nutzen läßt sich sprachlich ganz verschieden ausdrücken. Welcher Nutzen ankommt, hängt davon ab, welche Sinnesorgane der Kunde am liebsten benutzt, und wie gezielt und wie plastisch Sie diese Sinneskanäle ansprechen können:

> Statt, wie manche Textilverkäufer, zu sagen: "Das steht Ihnen außerordentlich gut! Das sollten Sie kaufen!", genau formulieren, wo der Nutzen für die Kunden liegt, also: "Das Blau des Kleides unterstreicht Ihre blauen Augen." Jetzt kann sich die Kundin ein Bild machen, was genau die Farbe des Kleides für sie bedeutet: sie wirkt strahlender.

Statt zu sagen: "Ein Zweibein saß auf einem Dreibein und aß ein Einbein, da kam ein Vierbein, schnappte nach dem einen Bein und wollte es fressen, da nahm das Zweibein das Dreibein und schlug das Vierbein in die Flucht!" Was erleben Sie innerlich? Erst, wenn Sie die Ein-, Zwei-, Drei-, Vierbeine in Hühnerschenkel, Mensch, Hocker und Hund übersetzen, sehen Sie innerlich die ganze Szene, daß ein Mensch auf einem dreibeinigen Hocker sitzt und ein Hühnerbein verzehrt, der Hund will es ihm wegschnappen, wird aber mit dem Hocker vom Menschen vertrieben.

Deshalb: Machen Sie Ihren Nutzen sinnesspezifisch und präzise verständlich!

Vom Einbein-Verkäufer zum Nutzenbieter

Versetzen Sie sich selbst in Ihren Nutzen hinein, können Sie ihn sehen, hören, riechen, schmecken, fühlen? Dieses Bild plastisch auszumalen und Ihrem Kunden zu übermitteln, ist die Aufgabe der Nutzenpräsentation.

Die folgenden Schritte stellen sicher, daß der Kunde den Nutzen begreift!

Schritt 1: Sie können ein Fühl- und Hörbild machen, in das der Kunde sich voll hineinbegibt, und in ihm gute Gefühle erzeugt!

Beispiel: Ein Anbieter von Investment-Fonds bietet Fondanteile an Hotelobjekten, die von großen Reiseveranstaltern belegt sind. Diese Fondanteile beinhalten einen Preisnachlaß in den betreffenden Hotels, verzinsen sich und nehmen natürlich am Wertzuwachs von Immobilien dieser Art teil. Außerdem kann die Dividende gleich in Reisegutscheine umgebucht werden.

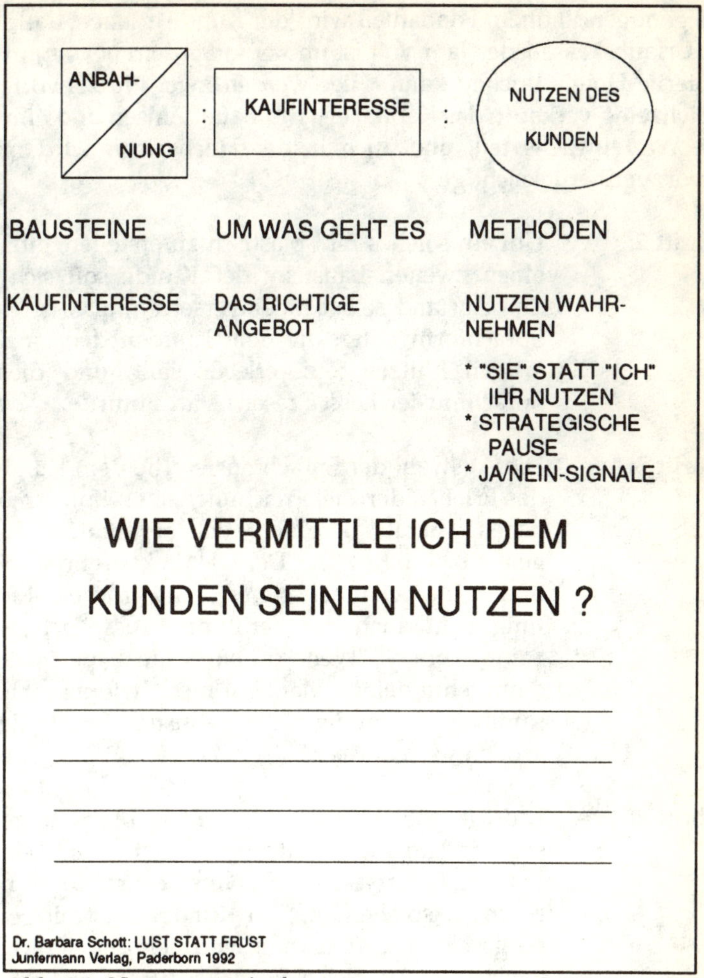

Abb. 26 Nutzen vermitteln

Bei genügend hohem Fondanteil wird der Kunde erleben, daß seine Urlaubskasse jedes Jahr voll ist und er außerdem bevorzugt in 5-Sterne-Hotels buchen kann. Hier werden zwei Nutzenvorteile gleichzeitig verkauft: das Kapital erwirtschaftet Zinsen und nimmt am Wertzuwachs teil, und auch in der Hochsaison wird man bevorzugt berücksichtigt.

Schritt 2: Um ein solches Bild plastisch zu erstellen, gibt es einen zweiten Baustein: der Kunde soll sich in den Zustand selbst hineinversetzen, also ist eine Sprachform nötig, die dem Kunden den einzigartigen Nutzen jetzt erleben läßt, und dieses Sprachmuster heißt Präsens statt Futur.

Schritt 3: Die Auswahl der Sprachmuster, die dem Kunden das Erleben der Zielerreichung jetzt schon ermöglichen. Hierauf beruhten auch berühmte Aussagen, z.B. von Revlon: "Der Kunde kauft Schönheit und keine Schönheitscreme", und in diese Richtung geht auch der berühmte Ausspruch von Saint-Exupery: "Wenn du ein Schiff bauen willst, dann lehre deinen Männern nicht, wie man Holz sammelt ..., sondern die Sehnsucht nach dem großen weiten Meer."

Schritt 4: Die Klangstruktur des Nutzenangebots energetisiert, indem diese Nutzenpräsentation mit einer Frage, z.B. "Ist das für Sie von Vorteil?" oder mit einem Beispiel endet. "Der Kunde X hat mir gerade geschrieben (das muß natürlich der Wahrheit entsprechen), welcher Vorteil es für ihn ist, daß er jetzt praktisch am letzten Tag noch 5-Sterne-Hotels buchen kann, weil er Eigentümer ist."

Schritt 5: Ständig auf Feedback achten. Kann sich der Kunde noch in den Nutzen hineindenken? Hat er

Lust, diesen Nutzen mitzuerleben, hat er ein positives Gefühl? Zeigen sich beim Kunden deutliche Ja-Zeichen?

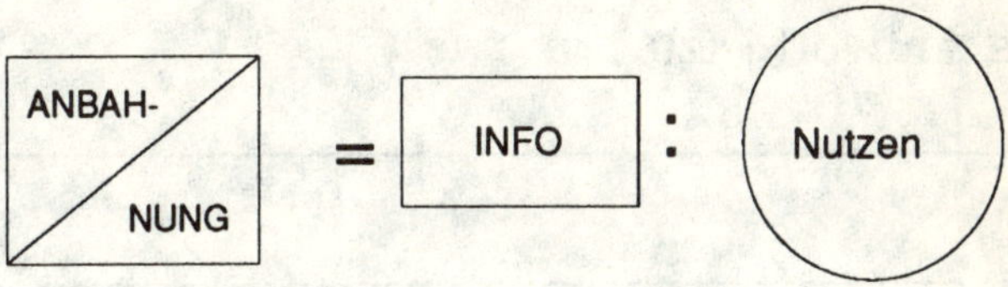

Nutzen formulieren

unspezifisch z.B.: kann, muß	Visuell sehen	Auditiv hören	Kinäst. fühlen	Olfakt. riechen	Gustat. schmecken

Dr. Barbara Schott: LUST STATT FRUST
Junfermann Verlag, Paderborn 1992

Abb. 27 *Formulieren Sie Ihren Produktnutzen auf allen Kanälen.*

Fazit:

Erinnern Sie sich noch an unsere Frage?

Meine Antwort jetzt:

____

____

____

____

Meine persönlichen Erkenntnisse:

____

____

____

____

Wann und bei welchem Kunden wende ich das an?

Name des Kunden: ____________________

Datum:

FRAGE:

Wann ist Ihr Kunde noch voll dabei?

Was halten Sie für zutreffend?

- ○ Er nickt aufmerksam.
- ○ Er stellt die richtigen Fragen zum richtigen Zeitpunkt.
- ○ Immer, denn er braucht mein Produkt.

Ihre Erfahrung:

___

___

___

___

In einer süd-badenwürttembergischen Tageszeitung war neulich zu lesen: "Feuchte Augen auf dem Podest, wer bei der Siegerehrung nicht weint, ist selbst schuld."

"Barcelona. Es beginnt immer an den Mundwinkeln. Zuerst ist es ein noch kaum merkliches Zucken, dann mahlen die Backenknochen. Kurz danach schimmern die Augen schon leicht wässrig. Jetzt sucht der Athlet noch eine kurze Weile einen Punkt, an dem er seinen Blick fixieren kann. Es hilft nichts. Auf dem olympischen Siegerpodest werden auch die härtesten Männer weich."

Wie geht es Ihrem Kunden zu den verschiedensten Zeitpunkten im Verkaufsgespräch

Die Wahrnehmung spielt im Verkauf eine ganz besondere Rolle. Im Kaufprozeß muß meine Wahrnehmung sehr genau und sehr präzise sein. Beobachtbares Verhalten, sei es am Körper des Kunden, sei es in seiner Stimme, sei es in seinen Augen, muß so genau beobachtet und beschrieben werden, daß diese Beobachtung auf den bekannten Meßskalen für jeden Verkäufer, der seine Meßskalen kennt, etwas bedeutet. Jemand verschränkt die Arme über der Brust. Die genaue Wahrnehmung würde so heißen: unterhalb der letzten Brustrippe liegt der linke Arm auf. Die Hand faßt an die rechte Seite. Der rechte Arm liegt auf der Innenseite des unteren Armes. Die rechte Hand umfaßt den linken Oberarm. Die genaue Frage dazu würde jetzt heißen: "Wann immer macht mein Kunde das?" Nicht genau in der Wahrnehmung ist deshalb eine Aussage wie z.B.: "Jemand verschränkt die Hände vor der Brust und zieht sich in sich zurück."

Nicht nur der verbale Inhalt ist gemeint. Es geht sowohl um verbale als auch um nonverbale, körpersprachliche Informationen.

Es geht um die besonders präzise Beobachtung des Kunden und seiner äußerlichen Verhaltensweisen, die mit seinen inneren Zuständen verbunden sind. Jeder Kunde hat eine besondere Art des Ausdrucks bei bestimmten inneren Gefühlen. Wenn man durch genaue Beobachtung Muster äußerer Ausdrucksweisen beim Kunden erkennen kann, die auf die inneren Zustände des Kunden schließen lassen, läßt sich beobachten, wie der Kunde denkt, wie er Verhaltensweisen in seinem Gehirn bildet. Damit wird es möglich, zu erkennen, ob der Kunde abschlußbereit ist oder ob er noch Informationen benötigt. Ich kann feststellen, welche wirklichen Einwände dem Kunden Sorgen machen.

Die Beobachtung des Kunden, die sog. Kalibrierung, ist das A und O für die Frage, wie lange folgt der Kunde, wann ergeben sich Einwände?

Wirklich Ja denken: Versetzen Sie sich in ein Erlebnis, wo Sie wirklich dachten, ja, das ist es, das genau will ich erleben. Sagen Sie innerlich ja, sehen Sie ein Bild, das dieser "Ja-Situation" entspricht. Fühlen Sie, daß Sie innerlich ja sagen und fühlen Sie jetzt in Ihrem Körper nach, wo drückt sich dieses Ja aus: spüren Sie in Ihrem Kiefer, in Ihren Augenlidern, in Ihrer Lippenstellung nach, was "ja" für Sie körpersprachlich bedeutet.

Wie sitzen Sie? Eher nach rechts oder nach links? Eher vor- oder zurückgebeugt? Wie haben Sie Ihre Arme oder Beine, wenn Sie ein intensives Erlebnis aufrufen, zu dem Sie uneingeschränkt Ja sagen?

Auch das Ja des Kunden läßt sich so ablesen, indem Sie ihn zuerst in seiner Ja-Haltung kennenlernen, indem Sie ihn da hineinführen! Sie fragen ihn, wann er schon einmal hinter einer Entscheidung gestanden hat, die er nie bereut hat. So eine Ja-Entscheidung wird sich körpersprachlich niederschlagen, und Sie können erkennen, wann der Kunde ja denkt, auch ohne, daß er es sagt. Das Gleiche gilt für das "Nein"-Erlebnis.

Versetzen Sie sich selbst in eine Situation, die Sie nie wieder erleben wollen, wo Sie innerlich sagen, bis hierher und nicht weiter, das will ich nicht, nein, das ist nicht die Situation, die ich erleben will! Sehen Sie diese Situation vor sich, sagen Sie sich innerlich "Nein, das möchte ich nicht mehr erleben!" Und fühlen Sie in allen Körpersystemen nach, wie sich "Nein" anfühlt! Im Kiefer, in den Muskeln um die Augen, im Nacken, im Brustkorb, wo insbesondere atmen Sie, wie sitzen Sie etc.?

Vergleichen Sie immer wieder die intensive Ja- mit der intensiven Nein-Situation, um die Unterschiede in Ihrem Körper deutlich festzustellen. Meistens beginnt ein Nein beim Atmen. Der Atem stockt, er wird flacher, und diese Sauerstoffverknappung wirkt sich so aus, daß in der Regel die Augen enger, die Lippen schmaler werden, der Muskeltonus straffer, die Haut weißer, der Unterkiefer angespannt, der Nacken steif! Anders als in der bisherigen Körpersprache gibt es keine Standardmuster für alle Menschen, sondern es gibt die individuelle Ausdrucksweise des Partners, die ich im ersten Schritt genau beobachte und im zweiten Schritt überprüfe, ob ich diese körpersprachliche Äußerung direkt auslösen kann.

Im Verkaufsgespräch erfüllen körpersprachliche Signale folgende Aufgaben:

1. Verstehen und Ergänzen des gesprochenen Wortes,

2. Mitteilungen von Einstellungen, Empfindungen, Gefühlen des Kunden,

3. Auskunft über eventuelle Unklarheiten betreffend das Produkt und den Kaufvertrag,

4. Grad der Zuverlässigkeit und Glaubwürdigkeit des Verkäufers, aber auch des Kunden,

5. Anzeiger für den Grad der Entschlossenheit beim Kunden,

6. Auskunft über das Leitsystem des Kunden.

So läßt sich beispielsweise anhand der Haltung der Schultern absehen, welches Leitsystem der Kunde hat:

Visueller Bereich: Spannung in den Schultern,

Auditiver Bereich: Zurückgezogene Schultern (Saxophonhaltung),

Kinästhetischer Bereich: Entspannt hängende Schultern.

Hinweise für visuellen Zugang: die rechte Seite des Gesichts ist länger, die linke kürzer. Der linke Nasenflügel des Kunden ist meist höher und kürzer. Die linke Seite des Mundes ist höher als die rechte. Der Kopf ist meist nach vorne geneigt, die Augenbrauen meist hochgezogen, die Stirn zusammengezogen. Es sind Falten beim Kunden sichtbar, die vom Zusammenkneifen der Augen kommen.

Als Hinweise für auditiven Zugang sind rhythmische Fußbewegungen, Fingerschnipsen und klickende, summende und pfeifende Mundgeräusche zu zählen. Hinweise für den inneren Dialog sind beispielsweise das Herumspielen mit dem Kugelschreiber an den Fingern, die Telephonhaltung. Die Telephonhaltung ist typisch für den inneren Dialog. Bei der Telephonhaltung stützt der Kunde den Kopf auf die Hand oder die Faust, so daß der Kopf nach einer Seite kippt, in der Regel nach links, was so aussieht, als würde der Kunde telephonieren.

Als weitere Hinweise für den inneren Dialog wird das Streichen mit der Hand über das Kinn, Berühren des Mundes, der Lippen, die Drehbewegung eines Fingers am Ohr oder ein Zusammenziehen der Muskulatur am Kinn gezählt.

Als Hinweis für ein kinästhetisches Leitsystem wird es angesehen, wenn eine Hand oder beide Hände des Kunden den Brustraum, Bauchraum oder die Herzgegend berühren. Hinweis für ein olfaktorisches Leitsystem ist es, wenn der beobachtbare Kunde sich bei einem Geruch, den er sich gerade vergegenwärtigt, an die Nase faßt bzw. unabhängig davon seine Nasenflügel sich bewegen.

Körpersignale sind für ein erfolgreich verlaufendes Kundengespräch sehr wichtig. Wir können unterscheiden zwischen dem Blick, der Mimik, der Gestik, der Körperhaltung, dem Körperkontakt und der Körpernähe. Unterscheiden läßt sich die Körpersprache des Kunden auch zwischen grob- und feinsinnlicher Körpersprache. Grobsinnliche Körpersprache sind größere, äußere Ausdrucksweisen, die man an einer Person beobachten kann. Feinsinnliche Hinweise sind ganz feine Verhaltensweisen, die man an einer Person von außen gerade noch beobachten kann. Beispiel für solche "minimalen Hinweise" sind:

- Atemrhythmus,
- wo derjenige atmet, Brust- oder Bauchatmung,
- Tonus der Haut,
- Hautfarbe,
- Lippengröße
- Pupillengröße,
- Lidschlag,
- Tonhöhe und Tempo der Stimme,
- kleinere Bewegungen,
- Kopfstellung.

Es sind diese Körpersignale, die uns genaue Informationen über den Kunden geben. Ich gehe davon aus, daß die Körpersignale bei jedem Kunden anders sein können, und fordere Sie deshalb auf, nicht von auf der Brust verschränkten Armen auf Abweisung zu schließen. Jeder Kunde ist anders. Behandle ich ihn wie die "berühmte Schublade", wird er mir verlorengehen. Ich bin als Verkäufer daher daran interessiert, möglichst viele Informationen von meinen jetzigen Kunden zu bekommen. Wie verhält sich mein Kunde, wenn er von einem Produkt überzeugt ist? Was tut sich bei ihm, wenn er noch unentschlossen ist? Welche Körpersignale zeigen mir, daß er mit dem jetzigen Argument auch wirklich übereinstimmt, und mit welchem Nutzenargument sich im Unbewußten bei meinem Kunden leichter Widerstand regt. Es gibt keinen Kunden, der mir nicht diese Information geben kann. Auf der einen Seite erlebe ich Kunden, die uns beispielsweise mit ihrer Mimik deutlich zeigen, was sie von der bisherigen Nutzenpräsentation halten. Sein Gesichtsausdruck "spricht Bände". Andererseits erlebe ich Kunden, die vermeintlich mit "undurchschaubarer Miene" dasitzen. Diese Kunden sind meine wirkliche Herausforderung. Nicht selten sind sie dann überrascht, wenn unser Verkaufsgespräch mit Erfolg beendet wurde, und sie angenehm verwundert sind. Es gibt keinen Kunden, der mir keine Informationen liefert. Ich muß bloß genauer hinschauen. Wenn es bei der ersten Gruppe von Kunden eindeutige Signale sind, so handelt es sich bei der zweiten Gruppe nicht minder um eindeutige Signale, nur in kleinerem Stil.

Die erste Gruppe hat eine eindeutige Mimik, die von außen gut sichtbar ist. Die andere Gruppe von Kunden dagegen verändert vielleicht lediglich die Spannung der Haut auf der Stirnpartie. Ich verspreche, Sie werden Ihren Spaß mit Ihren Kunden haben. Diese Kunden werden verwundert und dankbar zugleich sein, denn ich verstehe sie wirklich.

Nutzen Sie auch wieder hier die Chance in der Anbahnungsphase und sammeln Sie genaue Informationen darüber, wann Ihr Kunde eindeutige Ja-Signale sendet, und wann eindeutige Nein-Signale kommen. Überprüfen Sie zunächst einmal bei sich selbst, welche Ja-Nein-Signale Sie senden. Setzen Sie sich vor einen Spiegel und bitten Sie einen Mitarbeiter oder Ihren Partner, Ihnen die folgenden Fragen zu stellen. Denken Sie dabei an die jeweilige Situation:

1. Können Sie sich an Ihren liebsten Kunden erinnern? Gehen Sie in die letzte Verkaufssituation voll hinein und erleben nochmal dieses Hochgefühl. Ihr Partner achtet dabei ganz genau auf Ihr Gesicht.

2. Schütteln Sie sich jetzt.

3. Können Sie sich jetzt an Ihre schwierigsten Kunden erinnern? Auch jetzt achtet Ihr Partner wieder auf Ihr Gesicht.

4. Schütteln Sie sich jetzt.

5. Ihr Partner soll Ihnen jetzt die folgenden Fragen stellen, die Sie nicht beantworten. Ihr Partner wird anhand der vorher ermittelten Signale die Antwort mit Bestimmtheit sagen können.
   1. Welcher von den beiden Kunden hat die hellere Haarfarbe?

   2. Welcher der beiden Kunden wohnt näher als der andere bei Ihnen? usw.

Ihr Partner kennt jetzt diese Signale in bezug auf Ihre Lieblingskunden und Ihren schwierigsten Kunden.

Wenn Sie das nächste Mal beim Kunden sind, versuchen Sie zunächst seine eindeutigen Ja-Nein-Signale zu ermitteln. Um die Ja-Signale zu ermitteln, fragen Sie ihn etwa nach etwas, von dem Sie überzeugt sind, daß Ihr Kunde dem zustimmen wird, so beispielsweise, wenn das Wetter auch schön ist: "Wirklich herrliches Wetter heute, nicht wahr?" Achten Sie genau auf seine Ja-Signale. Wenn Sie meinen, daß Sie die Ja-Signale nicht genau mitbekommen haben, fragen Sie weiter. Machen Sie dasselbe für die Nein-Signale Ihres Kunden. Diese Phase der Eichung im Hinblick auf die Ja-Nein-Signale des Kunden ist für den Erfolg des

Verkaufsgesprächs sehr wichtig. Ich stelle immer wieder fest, daß Spitzenverkäufer solche Ja-Nein-Signale bei Ihren Stammkunden bereits unbewußt kennen. Nutzen Sie ab sofort diese Ja-Nein-Signale bei Ihrem Kunden, egal ob Stamm- oder Neukunde.

Die folgenden Körpersprachsignale geben Ihnen die entscheidenden Hilfen, worauf Sie achten können.

Die Körperhaltung bezieht sich immer nur auf den Kunden, egal, ob ich dabei mit anderen kommuniziere oder nicht. Die Körperorientierung dagegen beinhaltet immer eine Art Gerichtetheit, eine Orientierung des Körpers des Kunden zu mir, wie z. B. das Hin- oder Wegbeugen des Oberkörpers, das Zu- oder Abwenden des Kopfes, die Ausrichtung der Arme und Beine in Richtung des Verkäufers oder weg von ihm. Innerhalb des Verkaufsgesprächs hat die Körperhaltung die Funktion, bestimmte Verhaltensweisen zu markieren und zu betonen.

Der Nutzen der grobsinnlichen Körpersprache im Kaufprozeß

Die Augen:

Werden uns Fragen gestellt, suchen wir in unserem Kopf nach der Antwort, bis wir die Information gefunden haben, die uns als richtig erscheint. Non-verbal wird dieser Suchvorgang beim Kunden durch seine Augenbewegungen sichtbar.

"Ich sehe es Ihnen an den Augen an, die Aufgabe ist Ihnen nicht ganz klar ...!" Wenn man fragen würde, "Woher wissen Sie wirklich, daß mir die Aufgabe tatsächlich nicht ganz klar ist", käme wahrscheinlich nur ein Achselzucken und die Antwort "Intuition, Erfahrung" oder ähnliches heraus. Was viele gestandene Verkäufer bisher durch "Versuch und Irrtum" erkannten, läßt sich nun mit Hilfe des Neuro-Linguistischen Programmierens (NLP) genau feststellen: die Augenbewegungen der Menschen sind - und das ohne Ausnahme - ganz eng verknüpft mit der Benutzung der Sinneskanäle.

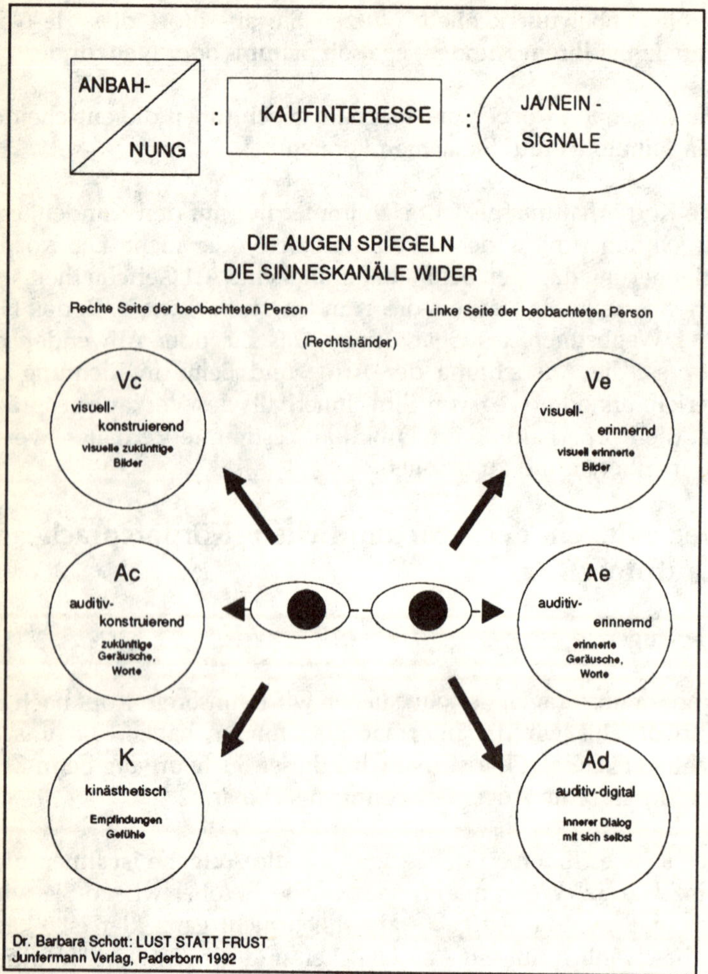

***Abb. 28** Die sechs Augenstellungen.*

Insgesamt können wir unsere Pupillen in 6 Stellungen bringen: Oben rechts, oben links, Mitte rechts, Mitte links und unten rechts, unten links. Nur wenn die Augen in der Mitte stehen und nach außen sehen, nimmt der Kunde die Umwelt wahr. In allen anderen 6 Augenstellungen ruft man in den verschiedenen Sinneskanälen Informationen im Gehirn auf. Neu ist, daß diese Pupillenstellungen nicht willkürlich sind, sondern jede einzelne ist mit einer ganz bestimmten Gehirnregion und mit einem ganz bestimmten Sinneskanal verknüpft.

Oberer Bereich der Augen:
Wenn sich die Iris überwiegend in diesem Bereich aufhält, geht es um visuelle Informationen. In dieser Augenstellung oben links oder oben rechts werden im Gehirn die Speicher mit Bildinformationen angesprochen, um visuelle Eindrücke zu erleben, und zwar innerlich. Die rechte und die linke Seite der Augenstellung hat eine besondere Bedeutung, wobei die Seitenorientierung bei der Bezugsperson selber und nicht bei dem Betrachter ansetzt und die Aussagen sich auf einen typischen Rechtshänder beziehen. Ein Linkshänder muß diese Augenstellung überprüfen und feststellen, ob nicht die Seiten vertauscht sind.

Augen oben links:
Bei einem Rechtshänder bedeuten alle Augenstellungen, die links oben sind, daß Bilder, die man irgendwann tatsächlich gesehen hat und die in der rechten Gehirnhälfte gespeichert sind, aufgerufen werden.

Augen oben rechts:
Wichtig ist die Augenstellung oben rechts (für den Rechtshänder): hier geht es um Bilder, die man noch nie gesehen hat, also z. B. geplante Zielbilder. Zielklarheit läßt sich also an dieser Augenstellung im oberen Bereich ablesen, auch von außen, ein besonderer Vorteil für alle Führungskräfte. Ein Zielbild wird innerlich gesehen, wenn die Augen nach oben rechts gerichtet sind (beim Rechtshänder).

Mittlerer Bereich der Augen:
Hier geht es um das Hören. Augen waagerecht links: Gehörte Sätze, gehörte Töne, gehörte Geräusche und Klänge! Welches ist Ihr Lieblingsweihnachtslied? Können Sie es innerlich hören? Sie müßten es besser hören können, wenn Sie die Pupillen der Augen bewußt auf die Mitte links stellen, und Sie werden merken, daß es sogar leichter ist, wenn Sie den Körper etwas nach links neigen und etwas gebeugt sind. Die Erklärung dafür finden Sie im nächsten Kapitel. Können Sie innerlich hören, wie man Ihnen zu Ihrem nächsten Geburtstag gratulieren wird, oder wie man Sie beglückwünscht, wenn Sie in diesem Jahr Ihre Jahresziele erreicht haben werden! All das sind gesprochene Worte, die Sie in Ihrem Gehirn konstruieren müssen, also ist diese Aufgabe leichter, wenn man die Augen Mitte rechts bewegt und diese Augenstellung etwas mit der Körperhaltung rechts nach vorn gebeugt unterstützt.

Augen Mitte rechts:
konstruierte Töne, Geräusche, Klänge. In dieser Augenpositionierung lassen sich sogenannte Affirmationen, positive, aufmunternde Sätze und Worte am besten erinnern. Mit diesen aufmunternden Worten kann man sich bei der geplanten Zielerreichung besser unterstützen. "Ich werde es schaffen!", "Der Erfolg kommt mir entgegen!" sind solche Sätze, wie sie sich z. B. der Positivdenker Murphy selbst immer wieder sagt und damit seine Zielbilder unterstützt. Viele Firmen haben Affirmationen wie "Wir sind ein Siegerteam!" sogar in ihrer Firmenkultur verankert.

Unterer Bereich der Augen:
Während das erste und zweite Drittel der Augen ganz klar dem Bild und dem Ton zugeordnet sind, ist der untere Bereich verschieden spezialisiert.

Augen unten rechts:
Bei einem Rechtshänder heißt das: im Gehirn werden Gefühlszentren aktiviert. Man erinnert sich in dieser Augenposition besser an gefühlsmäßige Erlebnisse und ruft außerdem noch Geruchs- und

Geschmacksinformationen im Gehirn ab. Erinnern Sie sich, wie Sie sich kurz vor dem Aufstehen am Morgen fühlen, wenn Sie noch so wohlig im Bett liegen? Erinnern Sie sich, wie Sie einmal auf heißem Sand gelaufen sind und wie der Sand an Ihren Füßen brannte? In welcher Augenposition können Sie dieses Gefühl am besten wiederbeleben? Testen Sie, ob es die Augenstellung unten rechts ist!

Augen unten links:
Hier sind Sie in einem sogenannten inneren Dialog, d. h. Sie hören sich selbst zu oder sprechen mit sich selbst. Da in unserer westlichen Kultur "Eigenlob stinkt", ist hier meistens der kritische innere Dialog im Gehirn angesprochen. Am ehesten wird man sich selbst kritisieren, und es ist dabei schon eine Hilfe, wenn man die Augen bei der ersten inneren Kritik erst einmal in eine andere Stellung bewegt, denn dann werden andere Informationen im Gehirn abgerufen. So hat man vielleicht die Chance, problematische Situationen mit mehr Überlegung und "klarerem Blick" schneller zu lösen.

Die Konsequenz: An den Augenstellungen können Sie erkennen, welche Art Information Ihr Kunde gerade verarbeitet. Damit wird es möglich, gezielt Informationen entsprechend dem bevorzugten Sinnessystem des Partners vorzubereiten und zu senden. Fragt der Verkäufer seinen Kunden, welche Bilder er sieht, wenn er an die Handhabung des Konkurrenzproduktes denkt, so wird dieser mit hoher Wahrscheinlichkeit nach links oben, also erinnerte Bilder, suchen. Schaut der Kunde nach links unten, so führt er manchmal auch eine Art Selbstgespräch, einen inneren Dialog. Vor allem vor dem Kaufabschluß diskutiert der Kunde in einer für ihn typischen Weise mit sich selbst. Fragt der Verkäufer den Kunden, wie seiner Meinung nach das Auto mit grünen Bezügen aussehen würde, so geht der Blick wahrscheinlich nach rechts oben, denn der Kunde konstruiert damit ein visuelles Bild von dem Auto. Auf die Frage, wie sich der Motor anhört, geht der Blick nach Mitte rechts.

Ein NLP-geschulter Verkäufer kann an der Blickrichtung seines Kunden außerdem erkennen, ob dieser auch wirklich sagt, was er denkt. Solange der Verkäufer nicht weiß, in welcher Richtung sein Partner denkt, ist er auf Spekulationen angewiesen, wenn er ihn begreifen will. Wenn er jedoch die Blickrichtung des Anderen beachtet, findet er den Wegweiser in der Denklandschaft seines Kunden. Es ist an den Augenbewegungen des Gegenübers zu erkennen, wo er sich gerade geistig (visuell, auditiv oder kinästhetisch) befindet.

Insbesondere ist es interessant, mit Hilfe dieser Augenmuster bei meinem Kunden die wahren Gründe für seinen Einwand zu erkennen. Durch gezieltes Nachfragen und Beobachten kann ich also wichtige Informationen erhalten.

Mimik

Das Gesicht ist die ausdrucksvollste Region für körpersprachliche Signale beim Kunden. Unter dem Begriff Mimik versteht man den Gesichtsausdruck mit all den Bewegungen und Veränderungen der Stirn- und Augenpartie, sowie des Nasen- und Mundbereichs. Das Gesicht stellt wegen seiner starken Beachtung und Ausdruckskraft den wichtigsten Bereich für nonverbale Signale dar. Für ein positives Verkaufsgespräch sorgt häufig schon ein freundlicher Gesichtsausdruck des Verkäufers, da der Kunde von der persönlichen Art auf das Verkaufsangebot schließt.

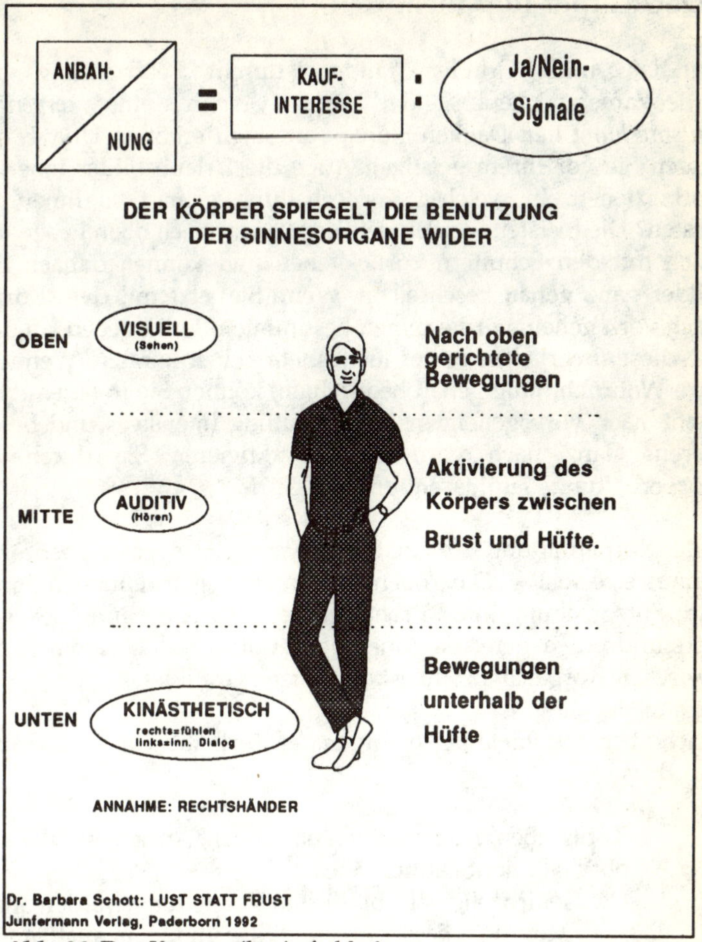

Abb. 29 Der Körper gibt Aufschluß.

"Der Körper lügt nicht"

Bandler und Grinder fanden durch Beobachtung mit Videokameras heraus, daß *jeder Gedanke* eine *körperliche Entsprechung* hat. Denken Sie z.B. an einen schönen Urlaub und lassen Sie vor Ihrem geistigen Auge die Urlaubsbilder innerlich vorbeiziehen. In welcher Körperhaltung gelingt es Ihnen am besten? Die meisten werden den Kopf etwas nach oben heben und auch mit den Schultern zurückgehen und können danach ihre Bilder ganz genau beschreiben. Wenn Sie jetzt mit dem Körper nach vorn gehen, wird es einen bestimmten Punkt geben, an dem Sie diese innerlichen Bilder nicht mehr sehen können. Wenn Sie Ihre Wahrnehmung genau beobachten, können Sie in einer etwas mehr nach vorn geneigten Körperhaltung intensiver und besser hören. Ganz nach vorn geneigt aktivieren Sie durch die Körperhaltung Gefühlszentren im Gehirn.

Jede Körperhaltung ist ein Signalsystem, das ganz bestimmte Sinnesreize auslöst. Die 6 oben genannten Augenstellungen finden ihre Entsprechung in 6 Körperregionen. Die Aufteilung des Körpers in drei waagerechte Zonen verdeutlicht das Zusammenspiel zwischen Körper und Sinneskanal (siehe Grafik):

Nach oben gerichtete Bewegungen der Körperabschnitte oberhalb der Brust:

> Kopf heben, Augenbrauen nach oben, Arme bewegen sich oberhalb der Schulterhöhe:
> Die Gehirnzellen zur bildlichen Vorstellung werden angeregt. Man sieht besser innere Bilder und kann auch äußerlich besser Bilder aufnehmen.

Aktivierung des Körpers zwischen Brust und Hüfte:

"Fragezeichenhaltung" im Profil: Becken vor, Brust zurück, Schulter vor. Handbewegungen zwischen Brust und Hüfte:
Die Hörzentren im Gehirn werden angeregt.

Bewegungen unterhalb der Hüfte (rechte Hand, rechter Fuß):

Kopf nach rechts geneigt, tiefere Stimme, Bauchatmung, insbesondere Zugang zu eigenen Gefühlen:
Hände auf Magen - Körpermitte - Herzgegend: Die Gefühlszentren im Gehirn werden angeregt.

Bewegungen unterhalb der Hüfte links aktivieren den inneren Dialog:

Man unterhält sich mit sich selbst, meistens auf kritische Art und Weise.

Die Körperhaltung drückt also aus, welche Sinneskanäle benutzt werden oder ob sich der Partner im inneren Dialog befindet. Es sind genaue Rückschlüsse auf Informationsaufnahme und -verarbeitung möglich.

Visuell:

Atmung:	hoch im Brustkorb,
Schulterbereich:	verlängerter Hals, Spannung im Nacken, nach vorne fallende Schultern,

Stimme:	hoch, manchmal in der Nase gequetscht, schnelles Sprechtempo.

Auditiv:

Atmung:	im ganzen Brustkorb,
Schulterbereich:	zurückgezogene Schultern,
Stimme:	mittel, gleichmäßiges Tempo, sehr sauber akzentuierte Sätze,

Kinästhetisch:

Atmung:	Bauchatmung,
Schulterbereich:	entspannte, hängende Schultern,
Stimme:	tief, leise

Eine besondere Bedeutung hat der Tonfall. Wir verstehen darunter den Sprachrhythmus und die Sprachmelodie, die Sprechgeschwindigkeit, die Lautstärke und die Deutlichkeit, sowie Lachen und andere Äußerungen ohne verbalen Inhalt. Der Volksmund sagt richtigerweise: "Der Ton macht die Musik." Dies zeigt, daß auch der Tonfall im Bereich der nonverbalen Kommunikation seinen Stellenwert hat und auch von dem Verkäufer nicht unterschätzt werden darf.

Gestik

Mit Gesten können Kunden zu Reaktionen oder Feedback aufgefordert werden. Es können Worte kontrolliert werden, indem ich sie mit den passenden Gesten begleite. Ich kann ebenso das Tempo und den Rhythmus meiner Sprache unterstreichen. Gesten können also eine Art Ergänzung zur Sprache sein, und meine Ausdrucksfähigkeit gegenüber dem Kunden damit erweitern. Mit den Gesten wird auch verraten, welcher Sinneskanal gerade im Moment bei meinem Kunden genutzt wird. Bierach nennt einige Beispiele, bei denen sich dann Vorgangswörter, Gesten und oft auch die Beschaffenheit der Stimme decken: So kann z.B. der Kunde mit einer tieferen Stimme als zuvor sagen: "Ich hatte damals ein gutes Gefühl" und sich dabei an den Bauch greifen.

Hin und wieder überlagern sich auch die Signale. Etwa dann, wenn einer den Kopf nach rechts unten neigt, die Augen aber gleichzeitig nach links oben blicken. Einerseits ist er mit einem Gefühl beschäftigt, andererseits erinnert er sich an Bilder. Das kann man meist an entsprechenden Formulierungen hören: "Einerseits..., andererseits..." oder "Ich fühle mich..., gleichzeitig sehe ich aber..." Überprüfen Sie einmal bei Ihrem Kunden, welche typischen Gestiken Ihr Kunde macht, wenn er mit dem, was Sie gesagt haben, übereinstimmt. Ich bin sicher, daß Sie feststellen werden, daß er eine andere Gestik benutzt, wenn er mit Nutzenargumenten, die von ihm kamen, nicht einverstanden ist. Sie haben damit ein exaktes Mittel, um die Ja-/Nein-Signale Ihres Kunden wirklich zu erkennen.

Minimal-Hinweise

Minimal-Hinweise sind z.B. die Hautdurchblutung, die Hautrötung, vor allen Dingen im Gesicht und auf den Wangen, die Hautfeuchtigkeit, die Breite und Größe der Unterlippe, die Pupillengröße, der Lidschlag, Lippen- und Augenbrauenbewegungen, Fältchen an der Stirn und um den Mund, die Augenmuskelanspannungen, Nasenflügelbewegungen, körperliche Muskelspannung und Muskeltonus im Gesicht, usw. Diese Veränderung der Hautdurchblutung bzw. des Lidschlags findet nicht nur in extremen Verkaufssituationen statt, sondern auch bei kleinsten Veränderungen. Diese Veränderungen sind zwar gering, aber erkennbar. Meist vollziehen sie sich sehr schnell. Deshalb ist es unbedingt notwendig, daß Sie bei Ihrem Kunden zunächst einmal eichen, wo seine Ja- und wo seine Nein-Haltung ist, wie seine Ja-Minimal-Hinweise und Nein-Minimal-Hinweise aussehen.

Der Lidschlag steht in einem engen Zusammenhang mit den Gehirnfunktionen. John A. Stern entdeckte, daß man nie zufällig blinzelt. Abgesehen von der Befeuchtung der Linse hat er festgestellt, daß das Blinzeln ganz spezifische Funktionen hat, die mit der Informationsaufnahme, Speicherung und Wiedergabe sowie mit Aufmerksamkeit, Streß, Aufregung und Angst in engem Zusammenhang stehen. Überprüfen Sie auch hier, wann Ihr Kunde seinen Lidschlag wechselt. In welcher Ja- oder Nein-Haltung hat er welchen Lidschlagrhythmus? Dies erfordert eine genaue, exakte Beobachtung, ein genaues Hinführen des Kunden in eine Situation, in der er seine Ja- und Nein-Haltungen auch wirklich erlebt.

Normale Erwachsene blinzeln etwa 10 bis 20 mal pro Minute. Oft blinzelt der Kunde, wenn er aufgeregt, gestreßt oder gar ängstlich ist. Weniger oft blinzelt er, wenn er sehr aufmerksam ist. Langsam blinzelt er, wenn er müde ist. Er unterdrückt unbewußt das Blinzeln, wenn er wichtige Informationen erwartet oder verarbeitet. Beispielsweise blinzelt ein visueller Kunde nur selten.

Hautdurchblutung und Rötung

Die Gesichtsfarbe wird blasser bei negativen inneren Prozessen, und meist wird auch das Gesicht leicht gerötet.

Unterlippe

Auch die Unterlippe hat eine besondere Aussagekraft. Sie kann voller, breiter, kürzer oder zitteriger sein beim Kunden, und sich besonders verschiedenartig färben. Dünner werden die Lippen beim Kunden, wenn negative Prozesse ablaufen, beispielsweise, wenn er von dem Produktnutzen beim besten Willen nicht überzeugt ist und sich im Verkaufsgespräch eher langweilt und es als überdrüssig empfindet.

Pupillengröße

Bei gleichbleibenden Lichtverhältnissen ist die Pupillengröße ebenfalls ein aussagekräftiger Indikator, aus dem man Konzentration, Entspannung und Angst beim Kunden ablesen kann. Die Pupillen werden bei positiven Gefühlen und Entspannungsvorgängen weiter. Enger werden die Pupillen bei starker Konzentration, Ängsten oder gar Ärgernissen. Je enger die Pupillen, desto konzentrierter ist entsprechend Ihr Kunde. Um so mehr ist er auf der Hut, um so mehr ist ihm nach Flucht zumute. Je weiter die Pupillen, desto wohler fühlt sich Ihr Kunde mit Ihnen.

Muskelentspannung im Gesicht

Bei positiven Gefühlen entspannt sich Ihre Haut, und der Widerschein des Lichts ist nicht mehr so stark. Insbesondere kann man das an der Stirnpartie sehr gut erkennen.

Mit Hilfe dieser körpersprachlichen Signale werden Sie feststellen, daß auch Ihr Kunde inkongruent ist. Daß er oftmals Ihnen Ja-Signale schickt, aber nein sagt, und umgekehrt. Was das für Sie als Verkäufer bedeutet, ist klar. Er braucht weitere Informationen. Diese weiteren Informationen lassen sich sehr präzise anhand der Augen- und der Körperbewegungen erkennen. Wenn der Kunde mit dem Körper verschiedene Positionen einnimmt, also mit den Augen gleichzeitig nach links oben blickt, den Kopf aber nach rechts unten neigt, so kommen dann eben Formulierungen wie "einerseits" bzw. "andererseits" oder "Ich fühle, das paßt, gleichzeitig sehe ich aber..." zustande. Wenn ich noch feinere Ausschnitte beim Kunden wähle, so kann ich aus den oben genannten minimalen Hinweisen, wie beispielsweise der Hautspannung rund um Mund und Augen oder der Hautfarbe als Folge der Durchblutung, Rückschlüsse auf die Ja-/Nein-Signale meines Kunden ziehen. Die geringste Anstrengung beim Suchen nach gespeicherten Informationen führte zu minimalen Gefühlsveränderungen, aber erkennbaren Zeichen bei meinem Kunden. Damit braucht sich der

Kunde nicht erst auf die Zähne zu beißen oder den Unterkiefer wie einen Mühlstein zu bewegen, bevor ich seine innere Anspannung erkenne.

Verstehe ich es, diese Einzelbotschaften nicht nur wahrzunehmen und zu interpretieren, sondern auch noch miteinander zu kombinieren, kann ich die Gedanken und Gefühle meines Kunden mit großer Treffsicherheit lesen, Ungereimtheiten entdecken und so den Rapport mit meinem Kunden permanent stärken.

Minimale Hinweise: Stellen Sie bei Ihrem Kunden fest, welche minimalen Hinweise er im Hinblick auf eindeutige Ja-Nein-Signale zeigte.

Äußerung	berichtet	beobachtet	Hinweis
- Atemrhythmus			
- Ort der Atmung			
- Körperhaltung			
- Kleine Bewegungen			
- Muskelspannung			
- Kopfbewegung			
- Stimmfülle			
- Stimmhöhe			
- Ton			
- Veränderung des Stimmrhythmus			
- Augenposition			
- Lidschlag			
- Änderung des Hauttonus,			
- Änderung der Hautfarbe			
- Änderung der Lippengröße			
- Änderung der Porengröße			
- Änderung der Pupillengröße			
- Änderung des Pulsschlages			
- Änderung der Körpertemperatur			
- andere			

Wenn Sie der Ansicht sind, daß die Ja-Nein-Signale bei Ihrem Kunden nicht eindeutig sind, stellen Sie sich kurz die folgenden Fragen:

Haben Sie als Verkäufer

- Rapport aufgebaut?
- den Rapport getestet?
- die Person in einen Entspannungszustand geführt?
- ggf. einen Anker für das Wohlfühlen Ihres Kunden etabliert?
- den Anker getestet?
- das Leitsystem Ihres Kunden entsprechend angesprochen?
- eindeutige Fragen gestellt, die es zulassen, auf Ja-Signale und Nein-Signale bei Ihrem Kunden zu schließen?

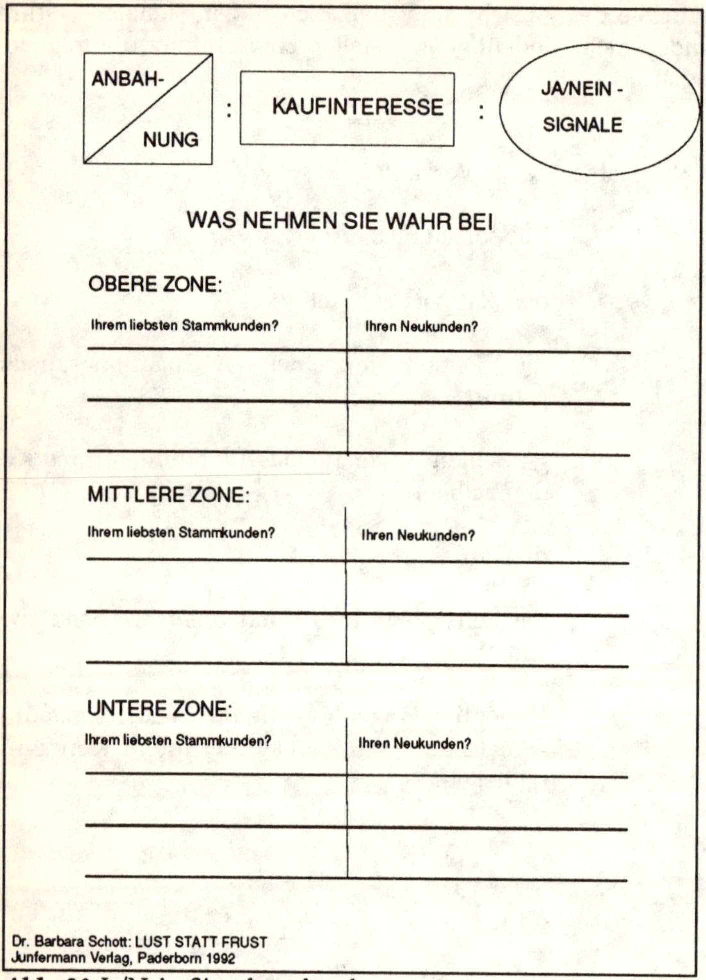

ANBAH-NUNG : KAUFINTERESSE : JA/NEIN-SIGNALE

WAS NEHMEN SIE WAHR BEI

OBERE ZONE:

Ihrem liebsten Stammkunden?	Ihren Neukunden?

MITTLERE ZONE:

Ihrem liebsten Stammkunden?	Ihren Neukunden?

UNTERE ZONE:

Ihrem liebsten Stammkunden?	Ihren Neukunden?

Dr. Barbara Schott: LUST STATT FRUST
Junfermann Verlag, Paderborn 1992

***Abb. 30** Ja/Nein-Signale wahrnehmen.*

Fazit

Erinnern Sie sich noch an unsere Frage?

Meine Antwort jetzt:

Meine persönlichen Erkenntnisse:

Wann und bei welchem Kunden wende ich das an?

Name des Kunden:

Datum:

ANBAH-NUNG

3 Ks : KONTAKT
KAUFPROZESS
KAUFINTERESSE

BAUSTEINE	UM WAS GEHT ES	METHODEN
KONTAKT	EINSTIMMEN, BEZIEHUNG AUFBAUEN	DER RICHTIGE BLICKKONTAKT DIE OPTIMALE DISTANZ RICHTIG EINSCHWINGEN
KAUFPROZESS	WUNSCH-BESTIMMUNG	AKTIVES ZUHÖREN SINNESSPEZIFISCHER NUTZEN
KAUFINTERESSE	DAS RICHTIGE ANGEBOT	JA/NEIN-SIGNALE

Dr. Barbara Schott: LUST STATT FRUST
Junfermann Verlag, Paderborn 1992

***Abb. 31** Zusammengefaßt: Die 3 Ks*

FRAGE:

"Der Kunde hat Einwände.
Wie gehen Sie damit um?"

Bitte kreuzen Sie das an, was Ihnen am meisten entspricht:

- ○ Überhören, wenn möglich.
- ○ Auf jeden Einwand sofort eingehen.
- ○ Nichts tun, wenn ich den Einwand schon behandelt habe.

Ihre Erfahrung:

____

____

____

____

K. I. - Was nun?

Kein Geld, keine Zeit, kein Interesse (= K.I.)

....das sind Wortfetzen, die den Anfänger leicht ins Boxhorn jagen. Der erfahrene Verkäufer hingegen hört genau zu und wertet diese Einwände als das, was sie sind: Noch ist der Kunde interessiert. An was er interessiert ist, das ist völlig offen! Das Verkaufsgespräch kann beginnen, und zwar an der richtigen Ecke: Welchen Nutzen will der Kunde jetzt in welcher Form erleben? Will er etwas sehen, hören, fühlen, riechen, schmecken? Oder lehnt er alles ab, weil er im Augenblick für nichts anderes Interesse hat als für das Ziel, das er sich bereits früher vorgenommen hat! Interessant ist nur, daß der Kunde unbewußt auf andere Ziele ausgerichtet ist, die er aber im Augenblick noch nicht benennen kann oder auch nicht preisgeben will.

Was Könner im Verkauf von Anfängern unterscheidet, sind die intuitiv richtigen Rückschlüsse aus solch allgemeinen Wortfetzen. Das NLP bietet zusätzliche Erkenntnisse, weil es sich zur Aufgabe gemacht hat, den Zusammenhang zwischen den inneren Erlebnissen, der Sprache und dem Verhalten aufzudecken, zu erklären und nachvollziehbar zu machen.

Stellen Sie sich vor, Sie müßten Kunden den Nutzen Ihres Produktes ohne Sprache vorstellen! Das hieße in der Versicherungsbranche, den Kunden an den Ort des Geschehens zu führen, sozusagen die Augen öffnen, ihn also in den Kuchen beißen lassen, bevor er ihn im Bäckerladen kauft. Eine zwar sehr eindrückliche, aber auch langwierige und umständliche Verkaufsprozedur! Mit unserer Sprache können wir dem Partner im besten Fall ein bestimmtes, auf alle Sinneskanäle wirkendes Erlebnis vermitteln und ihn an unserer Denkweise teilnehmen lassen. Das ist die Hauptaufgabe der Nutzenbestimmung und der Einwandbehandlung im Verkauf. Eines ist wichtig: Einwände sind die Möglichkeit, den Kunden besser zu verstehen und ihm seine Wünsche nicht nur von den Augen abzulesen, sondern diese auch zu erhören, zu erfühlen, und vielleicht auch noch geruchlich und geschmacklich nachzuvollziehen! Wir können uns in unserer Sprache nur mitteilen, indem wir uns auf bestimmte Erlebnisse beziehen, die wir wiederholen wollen bzw. nie wieder erleben wollen. Zur schnellen Verständigung haben wir uns angewöhnt, vieles auszulassen, und dem Partner nur eine kurze Abfuhr im Sinne von "kein Interesse", "keine Zeit", "kein Geld" sozusagen "vor die Füße zu knallen". Alles in der Hoffnung, daß er von uns abläßt! Ein verständliches und zeitsparendes Verhalten in gesättigten Märkten.

"Kein Interesse" kann sinnesspezifisch sehr vieles bedeuten: Kein Interesse

an was?	-	Geht es um das Produkt, den Service, den Nutzen, den der Kunde im Augenblick nicht will. Aber was will er statt dessen?
an wem?	-	Geht es um die Person des Verkäufers, betrifft es Verkäufer generell oder nur die Firma, die der Verkäufer vertritt?
wann?	-	Geht es um den Zeitpunkt? Der Kunde hat vielleicht im Augenblick schon eine zeitliche Zusage gemacht und befindet sich auf dem Weg zu einem anderen Termin, den er unbedingt einhalten möchte. Also hat er zwar Interesse für das Angebot, und auch für den Service durch den Verkäufer, allerdings zu einem anderen, nur von ihm bestimmten Zeitpunkt.

Ein-Wand = eine Wand?

Die Bemerkung des Käufers "kein Interesse, keine Zeit" erleben junge Verkäufer als eine Wand, und Sie versuchen die Wand beiseite zu schieben oder gar zu durchbrechen! Diese sogenannten "Killerphrasen" werden sehr häufig wie Befehle ausgestoßen, "Gehen Sie weg!" , "Ich kaufe nichts!" o. ä., und diese Befehlsstruktur raubt Energie und führt ohne Reflektionen zur Aktivierung des Stammhirns und zur teilweisen Ausschaltung des Großhirns. Wenn man die Äußerung des Kunden als Angriff versteht, ist es wichtig, sich zuerst einmal relativ unauffällig wieder zu entstressen. Zur Angriffsstrategie gehört z.B.: "Wenn Sie Interesse hätten, könnten wir dann über diesen Nutzen sprechen?" Mit Goethe kann man sagen, "Man merkt die Absicht, und man ist verstimmt", und der Kunde sammelt ein weiteres Erlebnis à la "Aalglatter Verkäufer, will mich wohl für dumm verkaufen".

Ziel ist, an dieser Wand hochzuklettern und über die Mauer zu schauen. Diese Wand besteht aus den Wahrnehmungsfiltern des Kunden, denn unser Gehirn filtert die immense Menge aller Wahrnehmungen unter Zuhilfenahme unserer Erfahrungen. Anscheinend ist unser Gehirn in der Lage, sich in jedem Augenblick an all das zu erinnern, was uns je geschehen ist, und alles wahrzunehmen, was irgendwo um uns herum geschieht. Die Aufgabe des Gehirns und des Nervensystems wird heute eher darin gesehen, uns davor zu schützen, von einer Menge größtenteils unnützen und belanglosen Wissens überwältigt und verwirrt zu werden.

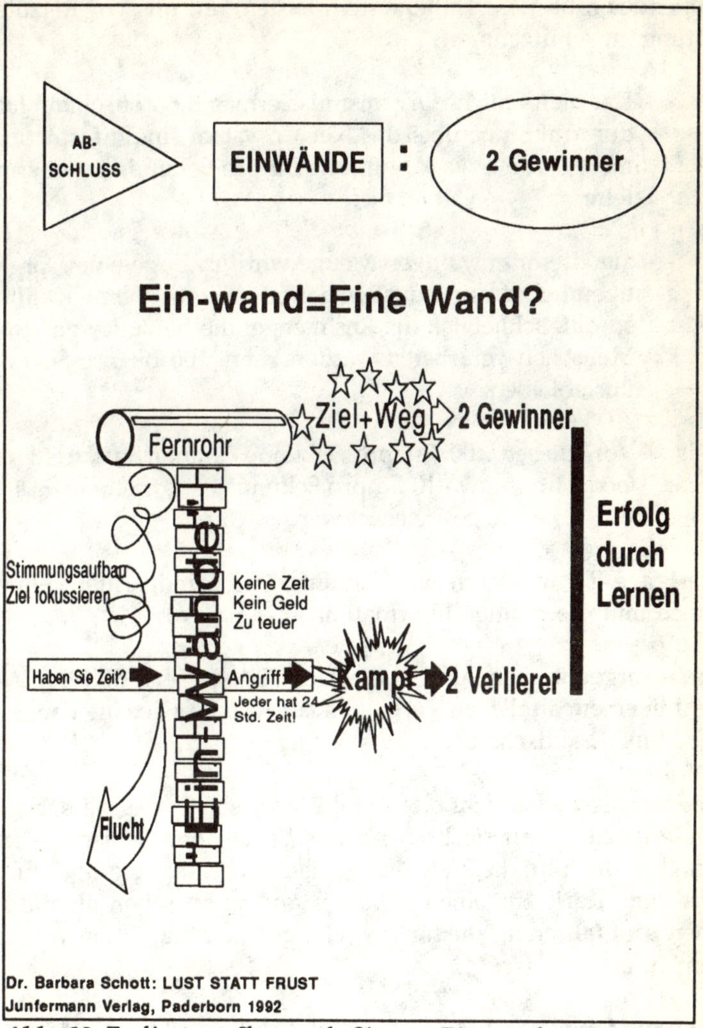

***Abb. 32** Es liegt an Ihnen, ob Sie aus Ein-wänden eine Wand machen wollen!*

Folgendes muß unser Filtersystem leisten, um uns vor Reizüberflutung zu schützen:

- Der menschliche Organismus vermag theoretisch mit Hilfe der fünf Sinne über das Nervensystem eine Informationsmenge von etwa 1 Milliarde Bit pro Sekunde zu übermitteln;

- aus dieser gewaltigen Menge wird im Zuge einer sorgfältigen Informationsauslese der Löwenanteil herausgefiltert, so daß schließlich als Restmenge, die bewußt von einem Menschen verarbeitet werden kann, 100 Bit pro Sekunde übrigbleiben.

- Von diesen 100 Bit pro Sekunde können kurzfristig im Gedächtnis etwa 10 Bit pro Sekunde, langfristig etwa 1 Bit pro Sekunde gespeichert werden.

Die Frage ist, wie kann der Verkäufer die Kundenfilter kennenlernen und die richtige Information senden.

Das wahrgenommene und in ein Modell gegossene Bild der Welt steht in einem ähnlichen Verhältnis zur Realität wie eine Landkarte zu einer Landschaft.

Eine Landkarte ist nicht das Abbild des Gebiets, das sie darstellt, sondern hat, wenn sie brauchbar ist, eine dem Gebiet ähnliche Struktur, die hilft, die Ziele des Suchenden besser zu erreichen. So wird eine Karte für einen Skifahrer anders aussehen als die für einen Autofahrer, als die für einen Jogger oder die für einen Marathonläufer.

Die Grundannahme für den Verkauf heißt: es gibt nur subjektive Erlebnisse, die Realität spielt sich im Kopf eines jeden Einzelnen anders ab. Das vorrangige Ziel eines Verkäufers ist es daher, zuerst die Erfahrungswelt und die Filterwelt des Kunden besser zu verstehen. Anstatt die Einwände wie eine Wand zu durchbrechen, geht es um die Erlebnisse und Erfahrungen, an denen der Kunde in diesem Augenblick seine Entscheidungen ausrichtet!

Zwei Gewinner sind möglich!

Kurzäußerungen "kein Interesse", "kein Geld", "keine Zeit" sagen nichts darüber aus, an welchem Filter, d.h. welchem Erlebnis der Kunde sich orientiert. Die Konfliktlösungsmöglichkeit einer Zwei-Gewinner-Lösung ist die Chance, durch kundenorientierte Fragen eine für beide Parteien bessere Lösung anzustreben.

Wie die Graphiken zeigen, möchte Berater B vom Kunden A Aufmerksamkeit, um ihm den richtigen Nutzen zu präsentieren und zum Abschluß zu kommen. A lehnt ab, was nur heißt, im Augenblick möchte er seine Konzentration nicht auf B und sein Thema lenken. Angenommen B wertet K.I. generell als Ablehnung und fragt nicht, an wem, was oder zu welchem Zeitpunkt der Kunde K.I. hat, so ist B in der Verliererposition, da B genau das macht, was A möchte. Anstatt direkt sein Ziel zu verfolgen, verfolgt er das Ziel von A, daher der Pfeil zu A, und er fragt weder, wann der Kunde interessiert noch wann er für dieses neue Thema Zeit hat.

Eine zweite Verliererposition besteht darin, daß A, der Kunde, sozusagen bedrängt wird mit der Bitte "nur eine Minute" , die sich dann auf 20 Minuten ausdehnt.

Vielleicht fällt dem Kunden nicht direkt eine Entgegnung ein, und er läßt sich einschüchtern und läßt sich auf den Verkäufer ein. Auch dies ist eine Verliererposition, denn wie sicher kann der Berater B sein, daß der Kunde wirklich zuhört, daß er Lust hat, sich zu öffnen und über seine Wünsche, Bedürfnisse und Nutzenanforderungen zu sprechen! Gerade in der Pharmaberatung, wo der Arzt in der Regel 6 - 8 Pharmareferenten pro Tag trifft, haben viele Ärzte festgestellt, daß die kürzeste Abfertigung darin besteht, den Pharmareferenten einfach reden lassen, in der Zwischenzeit innerlich was anderes zu denken oder sogar noch Berichte zu schreiben mit der Aufforderung: "Fangen Sie schon mal an, ich höre Ihnen zu!" Der Kunde ist auch hier nicht voll dabei, sondern läßt alles über sich ergehen und hofft, daß der Berater schnell wieder draußen ist.

Eine weitere Verliererposition ist der sogenannte "faule Kompromiß", indem z.B. der Berater dem Kunden ankündigt, es dauere nur eine Minute, und nach einer Minute tatsächlich aufhört, aber eigentlich zuwenig Zeit für eine genaue Wunschbestimmung und Präsentation der Neuheit hat! Beide gehen von ihrem eigenen Ziel ab, opfern Zeit, aber es gibt keine Entwicklung, weil dieser Kompromiß nur halbherzig ist und nicht zum Ziel führt (siehe Grafik).

Der Weg zur 2-Gewinner-Lösung führt über eine systematische Fragetechnik. Was genau heißt "K.I."? Wofür besteht Interesse? Was sind wichtige Themen, denen der Kunde in diesem Augenblick doch Zeit widmen würde? Der Verkäufer mit etwas Erfahrung und Ausbildung weiß, daß er hier auf die beliebteste Form der Sprachverkürzung trifft, nämlich die Auslassung: der Kunde hofft, daß der Verkäufer ihn *"richtig"* versteht und sich abwendet, denn der Kunde will ja seine Zeit für etwas anderes, für ihn wichtigeres verwenden! Aber für was? Der Verkäufer kann hier selber stillschweigend die Lücken schließen in einer Art des Gedankenlesens, oder er fragt genau nach.

Ziel dieser Fragen ist es, dreierlei Arten von Verkürzungen in den sprachlichen Kundenäußerungen aufzuschlüsseln, so daß dem Verkäufer nacherlebbar wird, was im Inneren des Kunden vorgeht!

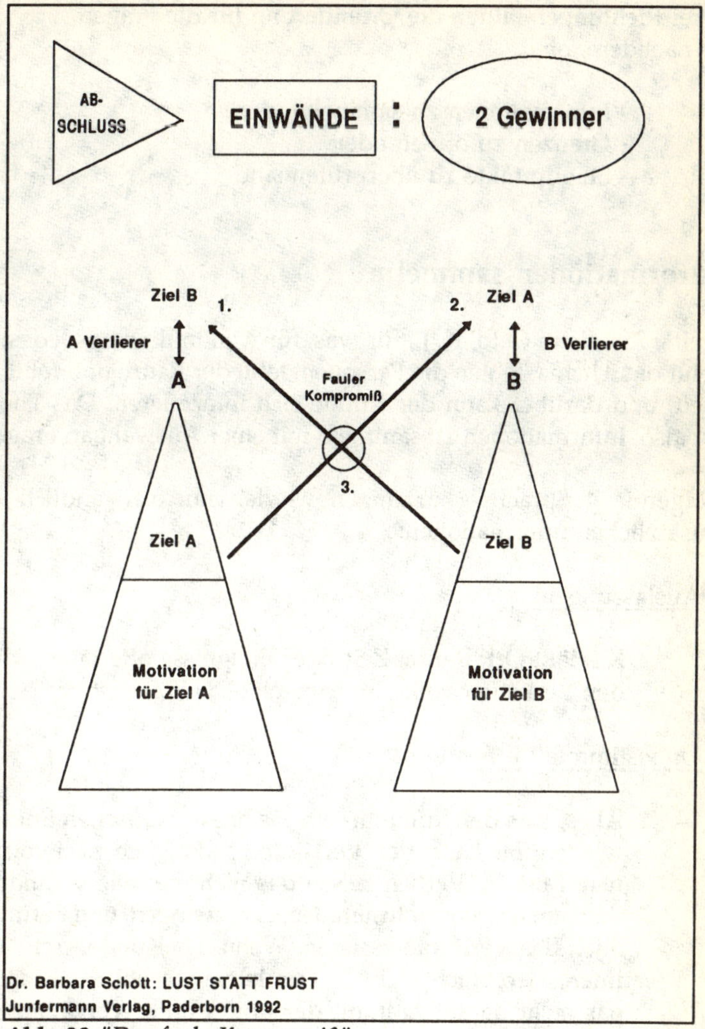

Abb. 33 "Der faule Kompromiß"

Drei Richtungen bilden die Orientierung für die Fragen.
Je nachdem, ob

- Informationen zu sammeln oder
- Grenzen zu öffnen oder
- Standpunkte zu überprüfen sind.

Informationen sammeln:

Keine Zeit, kein Geld, K. I., für was, für wen und wann? Jedesmal fehlt das Thema, fehlen die Personen, fehlt der Raum und fehlt die Zeit, und darüber kann der Kunde sich informieren. Das Thema ist also, Informationen zu sammeln mit einer Auswahl an Fragen.

Folgende 4 Sprachverkürzungen werden nur verständlich mit zusätzlichen Informationen:

- Auslassungen:

K.I. läßt Ort, Raum, Zeit oder Ereignisse offen und damit den Verkäufer völlig im Dunkeln! Die Frage ist: was fehlt?

- Unbestimmte Verben:

Alles, was der Kunde in einer sinnesspezifischen Sprache wiedergibt, kann der Verkäufer gedanklich nachvollziehen. Manche Verben lassen das nicht zu, wie verändern, denken, wissen, wahrnehmen, tun, zwingen, und natürlich auch das Verb interessieren. Wenn der Kunde sagt: "Das interessiert mich nicht!", "Das lehne ich ab!", "Ich denke gar nicht daran!", nimmt der ungeschulte Verkäufer das häufig als Ablehnung des ganzen Verkaufsgespräches. Was genau interessiert den Kunden, und was lehnt er ab? Wen lehnt er ab? Wann lehnt er etwas ab?

- Unbestimmter Inhaltsbezug:

Ähnliche Verkürzungen wie bei K.I. liegen vor, wenn der Kunde z. B. sagt: "Es läßt sich leicht nachrechnen, daß sich das nicht lohnt." Was genau läßt sich nachrechnen? Was lohnt sich nicht?

- Nominalisierung:

Fortlaufende Prozesse werden in ein Ereignis umgeformt, das nicht mehr verrückbar ist. "Kein Geld" heißt daher als Frage: "Was kann nicht bezahlt werden?" oder "Wofür wird Geld ausgegeben?", K.I.: wen interessiert was nicht? Solche Nominalisierungen sind sehr beliebt in der Politik und in der Beamtensprache. In der Regel gehören eine Reihe W-Fragen dazu, um den Gegenstand oder das Ereignis, das der Kunde als scheinbar abgeschlosssen und damit außerhalb seiner eigenen Kontrolle sieht, wieder in seinen Entscheidungsrahmen zurückzuholen. Die geeignete Frage auf K.I.: Wofür interesssieren Sie sich besonders? Welcher Nutzen ist interessant für Sie?

Grenzen öffnen

Aus früheren Erfahrungen setzt sich jeder von uns Grenzen, indem er verallgemeinert: "Ich kann einfach nicht zustimmen! Man muß jetzt sparen! Die Kosten dürfen nicht steigen!" Mit W-Fragen lassen sich diese Grenzen öffnen:

Die zwei Unterscheidungsmöglichkeiten sind hier: Verallgemeinerungen und selbst auferlegte Zwänge!

- Alle, jeder, nie oder niemand:

Hier erlebt der Kunde innerlich eine Grenze und sagt, daß er im Grunde genommen keine andere Möglichkeit für sich selbst erlebt. Es gibt für ihn keine Alternative außer der einen gewählten, und die gilt für "immer"! Eine Auflösung dieser persönlichen Einschränkung liegt im gezielten Übertreiben: "Alle Verkäufer sind Betrüger!" Diese unwahre Verallgemeinerung scheint keine Ausnahme für den Kunden zuzulassen! Nicht eine einzige? So liegt es auf der Hand, hier eine Frage zu stellen, ob der Kunde nicht eine einzige Ausnahme kennt oder einem einzigen Verkäufer begegnet ist, dem er vertraut.

- Man sollte, man müßte:

Hier hat der Kunde eine Alternative ausgewählt und beschränkt sich darauf. Äußerungen wie "Ich kann nicht über meinen Kostenrahmen hinaus entscheiden" weisen darauf hin, daß der Kunde befürchtet, wenn er sein Budget überschreitet, passiert etwas sehr Unangenehmes und Nachteiliges für ihn. Diese Grenzen müssen auf alle Fälle in den Kaufvertrag, in die Kaufentscheidung einbezogen werden. Der Verkäufer hat es jetzt in der Hand, durch Fragen nach diesen Befürchtungen den Kunden vor Fehlentscheidungen und negativen Folgen zu schützen. Folgende Fragen eignen sich: "Was würde geschehen, wenn Sie Ihren Kostenrahmen überschreiten?" Oder "Wer würde betroffen sein und reagieren, wenn das Budget überschritten würde?" etc. Auch die Frage "Was hält Sie davon ab?" führt evtl. zu einer erneuten Abwägung der Risiken alternativer Möglichkeiten und damit zu einer Neuorientierung.

Standpunkte überprüfen

Die dritte Art der Sprachverkürzung ist darauf zurückzuführen, daß der Kunde Erlebnisse aufbauscht, verzerrt, und einen Teil eines Erlebnisses für das ganze Erlebnis hält. Hier geht es um eine innere Umgestaltung von Erlebnissen, die manchmal neue Erfahrungen ausschließen.

Es gibt drei Standpunkte, die zu selbst auferlegten Einschränkungen führen:

- Kopplung von Ursache und Wirkung:

  "Die neue Maschine bringt mich noch ins Grab!" Dies ist eine typische Ursachen-Wirkungs-Verkettung, wobei der Kunde unterstellt, daß sein Gefühl (Wirkung) davon abhängig ist, wie sich eine Person oder eine Sache verhält (Ursache). Es gibt natürlich noch viele andere Möglichkeiten, auf einen Maschinenfehler zu reagieren.

- Gedanken lesen:

  "Sie müssen doch wissen, daß mich Ihr Angebot nicht interessiert!" Hier geht es um den Standpunkt, daß ein Mensch wissen kann, was ein anderer gerade denkt, fühlt, innerlich sieht oder hört, ohne daß er direkt nachfragt! Hier handelt der Kunde nach dem Motto, was er erlebt, muß der andere eigentlich genau wissen. Für den Verkäufer heißt es hier, gelassen zu bleiben und genau nachzufragen, welches Thema sonst den Kunden interessiert!

- Lebensweisheiten verallgemeinern:

  Der Kunde beleuchtet nur einen Aspekt eines ganzen Prozesses und sagt z.B.: "Es ist unklug, so zu denken!", "Im Management ist das nicht üblich!", "In unserer Firma wird alles selber erfunden!"

  Hier helfen wieder W-Fragen, um herauszufinden, unter welchen Bedingungen diese Aussagen gelten, und was wäre, wenn es davon Ausnahmen gäbe? Wer denkt in dieser Firma so? Ist derjenige im Entscheidungsprozeß einbezogen, muß er berücksichtigt werden.

PRAXISANWENDUNGEN:

Fragen, Fragen, Fragen: K.I. läßt keinerlei Rückschlüsse auf den Entscheidungsprozeß des Kunden zu und ist die direkte Aufforderung, ihn durch Fragen aus der Reserve zu locken: Was wünscht sich der Kunde, was er früher in anderen Situationen positiv erlebt hat? Wie möchte er die Informationen präsentiert bekommen, welche Beweise benötigt er etc. Immer geht es um W-Fragen, die natürlich von der Art her so gestellt werden müssen, daß der Beziehungsaufbau immer tiefer wird und der Kunde sich immer besser verstanden fühlt. Denn das ist das Ziel dieses Fragesystems: Herausfinden, welche Erlebniswelt den Kunden motiviert, eine positive Entscheidung zu fällen bzw. welche Erlebniswelten ihn demotivieren und ihn von einer Kaufentscheidung abhalten.

Fazit für das eigene Vorgehen:

- Überprüfen Sie Ihren eigenen Wortschatz. Was lassen Sie gern aus, was verallgemeinern Sie, und was stellt sich Ihnen verzerrt dar? Gibt es bestimmte Einwände, die Sie selbst gern verwenden und die Sie beim Kunden leicht aufregen?

- Schreiben Sie sich die wichtigsten Einwände mit den dazugehörigen W-Fragen auf.

- Wenn Sie etwas sicherer geworden sind, versuchen Sie, Ihr neues Wissen auszuprobieren. Je sicherer Sie werden, um so mehr wird Ihnen dieses neue Repertoire auch bei Ihren schwierigen Kunden über die Hürden des K.I. hinweghelfen.

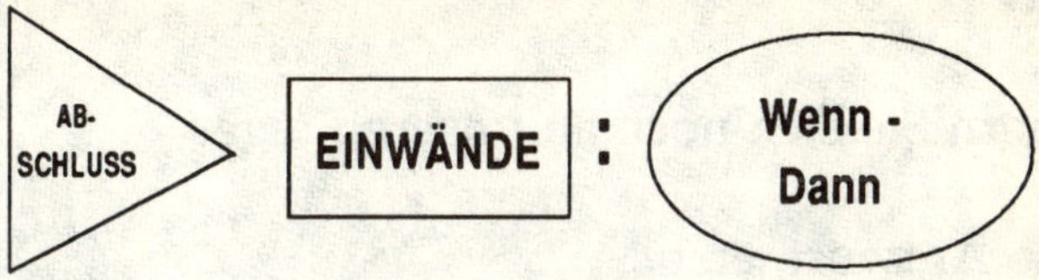

EINWÄNDE:FRAGE ZUR ENTSCHEIDUNG

EINWAND	WENN-DANN	W-FRAGE
keine Zeit	______ ______	______ ______
kein Interesse	______ ______	______ ______
kein Geld	______ ______	______ ______
andere	______ ______	______ ______

Dr. Barbara Schott: LUST STATT FRUST
Junfermann Verlag, Paderborn 1992

***Abb. 34** Einwände, was ist zu tun?*

Fazit:

Erinnern Sie sich noch an unsere Frage?

Meine Antwort jetzt:

Meine persönlichen Erkenntnisse:

Wann und bei welchem Kunden wende ich das an?

Name des Kunden:

Datum:

FRAGE:

Wie unterstützen Sie Ihren Kunden bei seiner Kaufentscheidung?

Bitte kreuzen Sie das an, was Ihnen am meisten entspricht:

- ◯ Ich entscheide für ihn und bringe ihn zur Einwilligung.
- ◯ Ich frage, ob er noch Informationen benötigt.
- ◯ Ich zerstreue seine Bedenken, irgendwann wird er schon einwilligen.

Ihre Erfahrung:

____

____

____

____

Der Abschluß beginnt am Anfang

"Soll ich..., soll ich nicht..."! Blütenblätter, Abzählreime und manche Verkäufer, die sich als Problemlöser verstehen, tun dasselbe: Die Entscheidung fällt und die Qual der Wahl hört auf.

Aus Kosten- und Zeitgründen müssen Kunden in unseren gesättigten Märkten sehr genau abwägen, welchem Verkäufer und welchem Produkt sie den Zuschlag erteilen. Dieser Entscheidungsprozeß beginnt nicht erst beim Vertragsabschluß, sondern unmittelbar beim ersten Kontakt mit dem Verkäufer, seiner Leistung, bzw. seinem Unternehmen. Für den Verküfer bedeutet dies, den Prozeß der Entscheidung beim Kunden entsprechend kundenorientiert zu unterstützen, so daß aus dem Kunden ein Stammkunde wird. Dies ist die Hauptaufgabe des Verkäufers.

Da es bei einer Entscheidung um Alternativen geht - Leistung gegen Geld - muß der gute Draht zum Kunden gerade in der Abschlußphase noch verstärkt werden. Das bedeutet, sich voll auf die Art und Weise, wie der Kunde seine Entscheidung fällt, einzustellen und ihn sozusagen gehirnschonend mit den passenden Informationen zu versorgen. Gehirnschonend bedeutet in diesem Fall, daß ich als Verkäufer meinem Kunden meinen Nutzen so anbiete, wie es der Gehirnstruktur meines Kunden entspricht. Der Kunde bekommt die Informationen, die er für seine Entscheidung braucht, genau in der Abfolge, wie er es bevorzugt.

"Wann ziehe ich den Antrag aus der Tasche, wie kriege ich die Unterschrift, wie oft muß der Kunde ja sagen, bis er zum Abschluß bereit ist?" Alle diese Fragen werden jetzt zusammen mit dem Kunden beantwortet. Bisherige Verkaufsmethoden, wie z.B. die Ja-Technik, führen leicht dazu, daß der Verkäufer die Führung übernimmt und behält und sich nicht auf die besonderen Bedürfnisse des Kunden bei seiner Entscheidung einstellt. Jeder Kunde ist anders. Respektieren Sie diese Tatsache und Sie werden, besonders im Hinblick auf den Prozeß der Kaufentscheidung, jeden Kunden in seiner speziellen Art, Informationen zu sammeln, um sie zu einer Entscheidung zu verdichten, unterstützen können.

"Wenn ich ewig Zeit hätte, könnte ich auch entsprechend auf den Kunden eingehen! Aber viele Kunden stellen immer wieder die gleichen Fragen und nichts tut sich. Da muß man irgendwann die Zügel in die Hand nehmen." Wenn Ihnen Ihr Kunde ständig die gleichen Fragen stellt, dann hat er anscheinend noch keine Antwort auf diese Fragen erhalten. Hören Sie genau zu! Welche Frage folgt auf welche vorherige Frage?

Die Frage lautet daher: Wie unterstützt man Kunden, die sich schwer entscheiden? Wie hilft man Kunden, die immer eher die Nachteile als die Vorteile sehen. Die Systematik des NLP liefert genaue Antworten auf die folgenden Fragen:

- Was an Informationen benötigt der Kunde, um sich zu entscheiden?
- Wie überzeugt sich der Kunde, so daß er Lust hat, sich für Ihre Leistung zu entscheiden?
- Wie läßt sich die Zwei-Gewinner-Lösung in der Abschlußphase realisieren?

Wie unterstützen Sie die Kaufentscheidung am streßfreiesten?

"Der redet so viel!", "Ich habe die Ohren voll!", so oder ähnlich hören sich die Kunden an, die in der Abschlußphase zu viele Informationen auf dem falschen Kanal erhalten haben. Wir entscheiden ständig aus einer großen Zahl von Alternativen und wählen blitzschnell aus. Diese Auswahlprozesse beim Kunden zu erkennen und die Informationen entsprechend bereitzuhalten, wie sie das Gehirn Ihres Kunden benötigt, ist durch NLP erkennbar und lernbar.

Die Frage beim Abschluß lautet deshalb: Mit welcher Brille sozusagen wählt der Kunde aus? Achtet er mehr auf die Gesamtleistung oder auf einzelne Nutzenaspekte? Was muß er von außen und was innen mit seinen 5 Sinnen erleben, um sich entscheiden zu können?

Vielleicht haben Sie Lust, Ihre eigenen Brillen, sprich Filter, an einem Beispiel kennenzulernen? Bitte notieren Sie kurz, wie Sie sich für Ihren letzten Urlaub entschieden haben?

Wieviel Kataloge haben Sie durchgesehen? Was haben Sie gefragt? Ihre Filter lassen sich anhand bestimmter charakteristischer Äußerungen erkennen. Bei Urlaubsentscheidungen können das beispielsweise die folgenden sein:

- Referenz: Eigenes Urteil - andere Personen - (Dokumentation)

Aussage 1: Es muß mir gefallen... .

Aussage 2: Die Müllers haben so von Griechenland geschwärmt.

Aussage 3: Der Bericht über Griechenland in der Samstagszeitung bringt mich auf die Idee... .

Welche Informationen trauen Sie persönlich am meisten? Welche Quellen benutzen Sie am liebsten, oder brauchen Sie nur Ihre eigene Gewißheit, welches der richtige Ort ist. Überzeugt Sie z.B. die Anpreisung eines Reisebüros, die lautet: "Wir haben gerade Griechenland sehr häufig gebucht".

Diese Werbung wird Entscheider der Aussage 1 und der Aussage 3 nicht interessieren, wohl aber den der Aussage 2, wobei er sich wahrscheinlich noch dafür interessiert, wer genau diesen Urlaubsort gebucht hat.

- Vergleich: Unterschiede - Ähnlichkeit

Aussage 1: Unsere Nachbarn haben sich in der Karibik gut erholt, aber wenn die etwas gut finden, entspricht es nicht meinem Geschmack.

Aussage 2: Wenn der Urlaubsort unseren Nachbarn gefällt, sollte ich mich mal genauer erkundigen.

Sie erinnern sich: Ist ein Glas halbvoll oder halbleer? Beide Aussagen beschreiben den gleichen Sachverhalt, nur wird immer ein Teil der Information unter die Lupe genommen. Wer sich zuerst an Unterschieden orientiert, wird leicht widersprechen, und das kann man auf verschiedene Weise: Durch Alternativbeispiele eingeleitet mit "ja, aber..." oder durch Gegenreaktion, wie: "Was für andere gilt, gilt grundsätzlich nicht für mich"! Der Entscheider, der sich an Unterschieden orientiert, vergleicht das tatsächliche Angebot mit einem Ideal und er findet immer sozusagen das Haar in der Suppe. An ihm scheitert die Ja-Technik, er wird schnell etwas finden zum Widersprechen, was nicht erfüllt ist. Es scheitern alle Nutzen- und Informationsangebote, zu denen der Kunde Ja sagen müßte! Das kann nur der Entscheider, der sich an Ähnlichem orientiert!

Wenn Sie einen Kunden loben, der sich an Unterschieden orientiert, wird er sich nicht wohl fühlen, sondern abwehren mit Worten wie "Das können Sie nicht beurteilen, es fehlt doch...". Den Abschluß mit der Frage einzuleiten: "Jetzt haben wir alles geklärt, können wir jetzt den Vertrag aufsetzen?" wird beim Ähnlichkeitsentscheider gut aufgenommen und, wenn es stimmt, mit "Ja" beantwortet. Ein Unterschiedsentscheider wird jetzt aufgefordert, all das innerlich aufzurufen, was noch nicht geklärt wurde. Das kann ewig so weitergehen, von Einigung keine Spur.

Die Möglichkeit der streßfreien Kommunikation liegt hier in der offenen Frage-Technik. Bei W-Fragen, wie "Was fehlt noch an Informationen für den Vertragsabschluß?", können beide Arten von Entscheidern überlegen, ob Sie jetzt den Vertrag unterschreiben wollen.

- Zeit: Vergangene Erfolge - zukünftige Möglichkeiten

Aussage 1: Seit 23 Jahren fahren wir nach Italien. Wir können sicher sein, das wird wieder schön.

Aussage 2: In Italien war ich schon. Ich will mal etwas Neues kennenlernen.

Wie benutzt der Entscheider die vergangenen Erfahrungen? Will er sie wiederholen oder möchte er das genau nicht.

- Spektrum: generell oder spezifisch

Aussage 1: Hauptsache sonnig!

Aussage 2: Ein Land mit Temperaturen zwischen 20 und 30 Grad im August mit mindestens 35 Sonnenstunden in der Woche.

Hier geht es um den Grad der Detailliertheit. Aussage 1 stammt von einem Entscheider, dem der große Überblick, das Generelle wichtig ist. Entscheider der Aussage 2 brauchen die Mosaiksteine des Urlaubsbildes, um entscheiden zu können. Der Generalist wird leicht als oberflächlich bezeichnet. Ihn interessiert ja auch nur die Über-Sicht. Der am Detail Interessierte wird eher kleinkariert genannt, er braucht sozusagen Informationen für jedes Karo seines Entscheidungsbildes.

- Reihenfolge: Sequenz oder Zufall

Aussage 1: So schnell kann ich mich nicht entscheiden. Ich brauche erst einmal Prospekte, dann frage ich bei den einzelnen Reisebüros nach Sonderangeboten, dann frage ich im Bekanntenkreis, wer in dem ausgesuchten Urlaubsland schon mal gewesen ist, dann vergleiche ich alle Preise usw.

Aussage 2: Im Fernsehen kam was über die Türkei, vielleicht ist das was für mich! Wenn es allerdings da sehr heiß ist, kommt vielleicht eher Dänemark in Frage. Im Wetterbericht hieß es, daß es dort gerade sehr angenehme Temperaturen hat.

Entscheider der Aussage 1 verarbeiten Informationen in einer bestimmten Reihenfolge und bauen so systematisch ihr Entscheidungsbild auf. Beim Urlauber der zweiten Aussage genügt ein Wort, und er kommt vom Hölzchen aufs Stöckchen. Jemanden, der Sequenzen liebt, sagt man auch leicht Sturheit und Langeweile nach, er benötigt das schrittweise Verabreichen von Informationen, um sein Bild stückchenweise zu vervollständigen. Der zufallsorientierte Entscheider füllt Bilder aus mit dem, was er geboten bekommt, die Reihenfolge ist nicht so wichtig, er wirkt leicht sprunghaft. Mit ihm Ziele zu vereinbaren, erfordert Flexibilität und Zielorientierung. Wenn dieser Kunde Ihnen seine beiden wichtigsten Wünsche nennt, so können Sie sich darauf einstellen, daß er mit Wahrscheinlichkeit nur zum ersten kommt und dann bei einem neuen Thema gelandet sein wird.

- Orientierung: Möglichkeit oder Notwendigkeit

Aussage 1: Hauptsache Sonne, Meer, Komfort... welches Land ist mir egal, 3 Flugstuden will ich auf mich nehmen.

Aussage 2: Auf keinen Fall nach Italien, da sind zu viele Touristen.

Hier geht es um die grundsätzliche Orientierung. Das Zielbild des Urlaubs muß an der richtigen Stelle des "gut gelungenen Urlaubs" in der eigenen Bildergalerie aufgehängt und ergänzt werden durch Töne, Gefühle, Geruch und Geschmack.

Manche Entscheider wählen unter den bisher schon angesammelten attraktiven Urlaubszielbildern aus. Sie entscheiden sich für die beste der innerlich schon vorhandenen Möglichkeiten. Die alternative Orientierung ist das Heranziehen aller inneren Schreckensurlaubsbilder, um daraus ein neues Urlaubsbild zu konstruieren. Benötigt werden Informationen aus der Notwendigkeit heraus, Horror im Urlaub zu vermeiden. Der 1. Ausspruch stammt von einem Urlaubsplaner, der sich auf Möglichkeiten "positive Zielbilder" konzentriert. Die 2. Aussage kommt von einem Urlauber, der aus der Orientirung "Notwendigkeit" entscheidet. Er geht erst im zweiten Schritt dazu über, Länder mit wenigen Touristen in Erwägung zu ziehen.

Orientierungsfilter sind eine sichere Möglichkeit zur Verstärkung der Vertrauensbasis: Wenn man als Verkäufer gelernt hat, dem Kunden die Entscheidung zu erleichtern, wenn man ihm den Produktnutzen in den glühendsten Farben schildert, wird diese Informationshilfe nur einem Teil der Kunden weiterhelfen. Notwendigkeitsorientierer wird dieselbe Information stressen, denn ihnen fehlen die Kenntnisse, welche Nachteile der Kauf dieses Produktes verhindert.

Schon in der Wunschbestimmungsphase wird man die Orientierung heraushören. Wenn man zu schnell fragt, was ein Kunde will, wird das Vertrauen schwinden, denn oft wissen Notwendigkeitsorientierer gar nicht, was sie wollen. Sie kaufen z.B. Batterien, weil sie nicht wollen, daß der Wecker stehenbleibt. Wie lange der Wecker laufen soll bis zum nächsten Batteriewechsel, also die

Frage nach der gewünschten Langlebigkeit der Batterie, steht für sie an zweiter Stelle. Sie denken an den Kauf eines neuen Autos, wenn sie glauben, das alte ist nicht mehr zuverlässig. Aus Mangel an Zielbildern kaufen sie lieber das gleiche Modell wieder. Notwendigkeitsorientierer interessieren sich mehr für Kosten und Reparaturen als für Leistung, Innovationen und Design.

Die Fülle dieser Filter und ihrer Kombinationen sofort beherrschen zu können, wäre phantastisch. Einige Tips für die Übungsphase sind vielleicht hilfreich:

- W-Fragen sind vorteilhafter als Ja-/Nein-Fragen.

- Wenn Sie jemandem sagen, was er genau braucht, weil es so viele Kunden schon gekauft haben und zufrieden sind, dann unterstützt dies nur eine ganz kleine Zielgruppe: Diese orientieren sich an Möglichkeiten, entscheiden eher generell, ihnen ist wichtig, was andere tun und für sie sind Ähnlichkeiten wichtig. Besser solange fragen, bis Sie ein klares Zielbild Ihres Kunden kennen.

- Ohne Vertrauen und einen guten Draht geht nichts. Wenn beides allerdings gegeben ist, können Sie, wie die anfangs zitierten Gesprächspartner, auch den an Unterschieden orientierten Kunden eigene Fehlentscheidungen vor Augen führen. Ein Verkäufer mit Spitzenergebnissen sagte mir einmal: "Sie müssen dem Kunden beweisen, wie blöd er sich bisher entschieden hat, erst dann interessiert er sich überhaupt für Ihr Angebot!" Der besagte Spitzenverkäufer war Anlagenberater und fragte seine Kunden: "Bisher haben Sie der Bank mit Ihrem Sparbuch x% Zinsen im Jahr geschenkt, wollen Sie das wirklich weitermachen?" Und er hatte Erfolg bei Notwendigkeitsorientierern! Wie steht es mit Kunden, die sich eher an möglichen Alternativen orientieren?

- Wenn Sie Informationen zum Abschluß anbieten, bleiben Sie weiter auf den Kunden eingestimmt. Beobachten Sie seine unbewußten Ja-/Nein-Signale, ob die betreffende Information ihn unterstützt oder nicht.

Alle diese Informationsfilter wirken zusammen und werden in einer bestimmten Reihenfolge und auch mehrfach benutzt. Wir benutzen alle diese Filter mehr und weniger oft. Jeder dieser Informationsfilter ist deshalb unterschiedlich stark ausgeprägt. Wie sieht Ihr eigenes Urlaubsentscheidungsprofil aus? Vielleicht hilft Ihnen die Grafik im nächsten Verkaufsgespräch, um so die Informationsverarbeitung Ihres Kunden besser zu beobachten und ihn streßfrei zu informieren. Manche Verkäufer nutzen dieses Informationsprofil als Ergänzung Ihrer Kundenkartei und stellen sofort nach jedem Kundengespräch fest, welche Filter besonders stark oder eher schwach bei ihrem Kunden ausgeprägt sind (vgl.Bagley, Dan S. & Reese, Edward J.: Beyond Selling, 1987, S. 123).

***Abb.** 35 Die Entscheidungsfilter Ihres Kunden*

Fazit:

Erinnern Sie sich noch an unsere Frage?

Meine Antwort jetzt:

____

____

____

____

Meine persönlichen Erkenntnisse:

____

____

____

____

Wann und bei welchem Kunden wende ich das an?

Name des Kunden: ____________________

Datum:

F R A G E:

Woran erkennen Sie, daß der Kunde abschlußbereit ist?

Bitte kreuzen Sie das an, was Ihnen am meisten entspricht:

- ○ Er stellt Fragen, die darauf hinweisen, daß er sich mit der Leistung beschäftigt.
- ○ Intuitiv weiß ich, wann der Kunde überzeugt ist.
- ○ Wenn der Kunde nach dem Preis fragt.

Ihre Erfahrung:

____

____

____

____

Ja oder Nein, das ist hier die Frage!

Wie können Sie den Kunden unterstützen, daß er eindeutig und mit guten Gefühlen mit Ja oder Nein entscheidet? Mit NLP läßt sich beobachten, in welchem Maße der Überzeugungsprozeß in die Richtung Ja oder Nein entscheidet! Gefühle der "besten" Alternative sind entscheidend, und da es sich dabei um einen Hormonstoß handelt, fragt es sich, wie der Kunde ihn auslöst. Durch innere Bilder, Töne/Geräusche, Gefühle, Geruch oder Geschmack?

Die Augenmuster, die körperlich sichtbaren Veränderungen und die Sprache zeigen, ob sich die Überzeugung auf ein Ja oder ein Nein hin bewegt. Wie in der Grafik zu sehen, fragt er sich bei einem Nein, ob er wirklich etwas Neues braucht, hört, wie ihm z.B. eine wichtige Bezugsperson abrät, sieht seine bisherige Lösung und fühlt sich schlecht, wenn er denkt, daß er kauft. Die Augenmuster können zwar nichts über den Inhalt aussagen, sie zeigen aber den Ablauf der inneren und äußeren Erlebnisse, die das Gefühl, den Kauf überhaupt in Betracht zu ziehen, steigern oder abschwächen. Die genaue Beobachtung der Ja-/Nein-Signale ergänzt die ganzheitliche Beobachtung des Entscheidungsprozesses.

Eins ist neu: Die Bereitschaft zur Kaufentscheidung läßt sich im Auge des Kunden sehen, bevor er sie selbst äußert. Bei einem Rechtshänder wird eine Ja-Entscheidung sich vielleicht wie in der folgenden Grafik (Abb. 36) zeigen: der Kunde sieht sich, wie er das neue Produkt verwendet, er hört, wie ihm seine Bezugspersonen zustimmen und fühlt sich dabei gut. Solange der Kunde sich innerlich nicht wenigstens bildhaft oder im Gespräch mit dem neuen Nutzen beschäftigt, ist er mit der bisherigen Lösung zufrieden und wird nicht Ja zu einem Kauf sagen! Wie sieht Ihr eigener Überzeugungsprozeß aus? Müssen Sie etwas sehen, um es besitzen zu wollen? Oder genügt es, wenn Ihnen jemand anders von einem bestimmten Nutzen berichtet? Oder müssen Sie etwas ausprobieren, um etwas besitzen zu wollen? Dieser Überzeugungsprozeß wird auch mit Strategie bezeichnet.

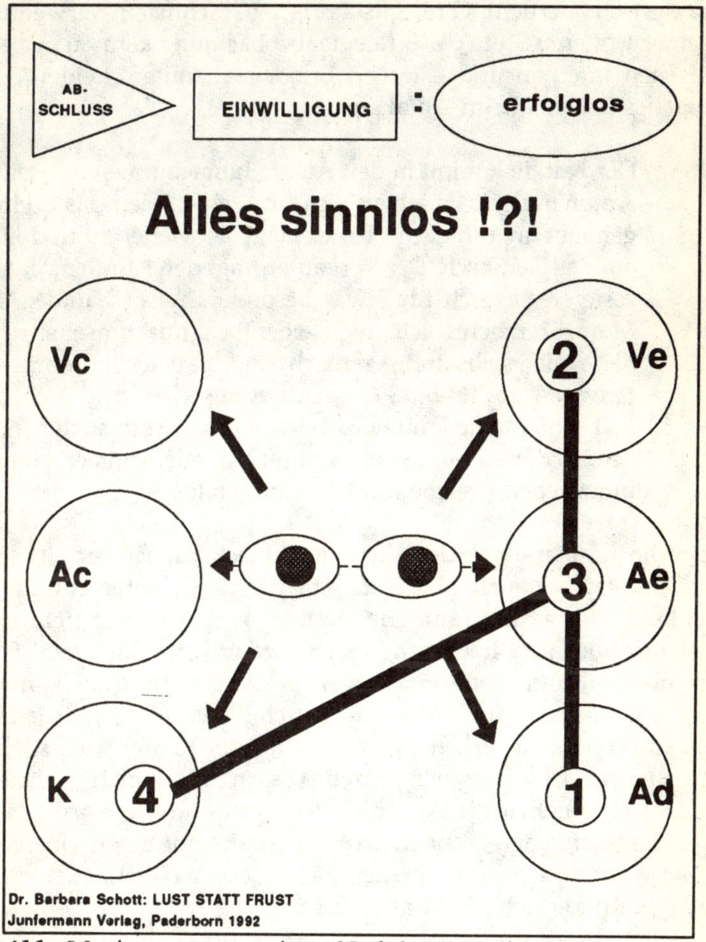

Abb. 36 Augenmuster zeigen: Noch keine Kaufabsicht!

Entsprechend dem Einsatz der unterschiedlichen Sinneskanäle läßt sich eine Strategie auch folgendermaßen beschreiben, wenn man V für visuell, A für auditiv, K für kinästhetisch (Gefühl), O für olfaktorisch (Geruch), G für gustatorisch (Geschmack) verwendet. In einer weiteren Stufe der Strategienbeobachtung kann man auch zwischen internen und externen Erlebnissen unterscheiden. Ein einfaches Beispiel beim Autokauf:

> Der Kunde kommt in den Ausstellungsraum eines großen Autohändlers. Er schaut sich um, schaut sich das Styling genauer an, öffnet die Tür, schlägt sie wieder zu und hört auf das Geräusch. Der Verkäufer fragt den Kunden: "Interessieren Sie sich für etwas besonders?" Der Kunde: "Im Moment möchte ich mich eigentlich nur umsehen. Ich habe mich selbständig gemacht und brauche ein repräsentatives Auto. Es muß einfach gut aussehen und nicht zu laut sein. Meine Frau wird zeitweise das Auto auch benutzen, so daß es heute nur darum geht, mich einfach einmal umzusehen, welche Modelle mir gefallen."

Hier die Kaufstrategie des Kunden: Zunächst macht er sich ein Bild, und er hört auch, ob das Zuschlagen der Autotür zu seinem Idealbild paßt. Danach fühlt der Kunde, ob das, was er sieht und hört, ihm auch gefällt. Diesen Prozeß wird er vermutlich mehrfach durchlaufen, und wenn ein Wagen in die engere Wahl kommt, hört er auf seine Frau: VAK....AK. Durch die Wahl der Worte läßt sich schon sehr viel erkennen, nur nicht jeder Käufer wird so viel von seinem Überzeugungsprozeß wissen oder auch mitteilen wollen. Hier helfen die Augenbewegungen und die Körpersprache. Körpersignale erkennen zu können, die auf einen Überzeugungsprozeß hin zum Ja deuten, das ist jetzt möglich, auch ohne daß der Kunde sich direkt ausdrückt.

Ebenso läßt sich erkennen, wann sich die Kaufstrategie sozusagen im Kreis bewegt und der Kunde z.B. immer wieder dasselbe fragt, ohne sich aber zu entscheiden. Hier hilft die Frage nach anderen

Entscheidungen, die der Kunde gern fällt, und die ihm gut gelingen! Was muß der Kunde sehen, hören, fühlen, riechen oder schmecken, um einen Entscheidungsprozeß abzuschließen?

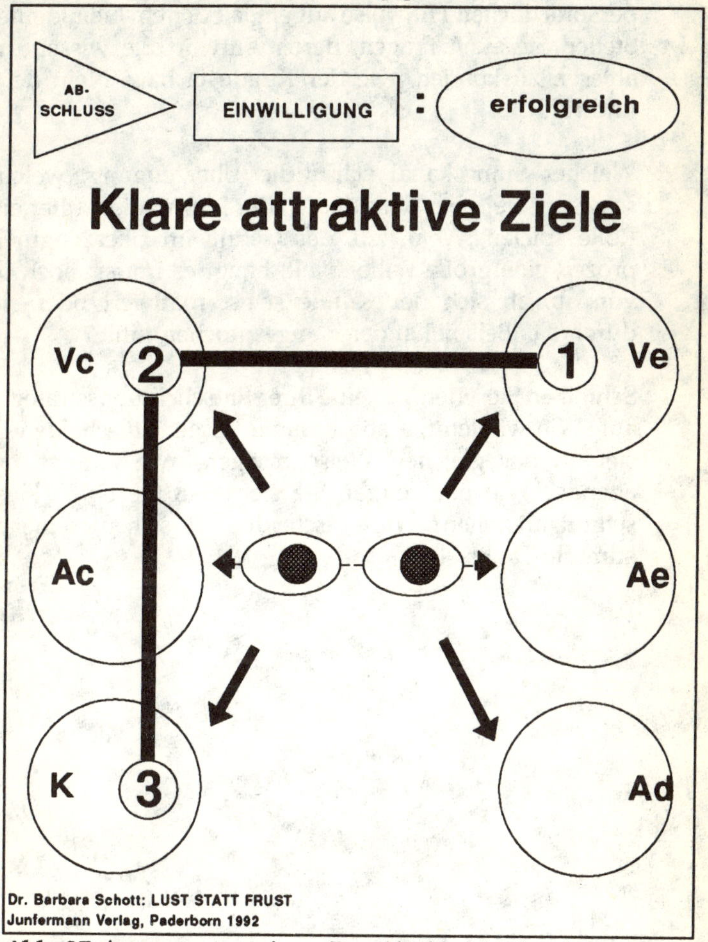

Abb. 37 Augenmuster zeigen: Der Abschluß beginnt!

Die folgenden Schritte haben sich in der Praxis bewährt:

1. Beobachten Sie bei jedem Gesprächspartner, welche körpersprachlichen Hinweise auf ein Ja oder ein Nein deuten. Stellen Sie auch Fragen, deren Antwort Sie wissen, um ablesen zu können, wie der Kunde Ja bzw. Nein denkt und fühlt.

2. Welcher Sinneskanal stärkt die Überzeugung, welcher schwächt sie? Hier wird die Art der Informationsfilter eine Rolle spielen. Wenn z.B. das Gefühl im Überzeugungsprozeß eine große Rolle spielt, hängt es immer noch davon ab, ob sich der Kunde selbst motiviert oder sich durch das Beispiel anderer angesprochen fühlt.

3. Schreiben Sie jeden Tag eine Ihrer Entscheidungsstrategien auf. Wie wählen Sie aus, was Sie essen. Entscheiden Sie sich in der gleichen Weise morgens wie mittags und abends? Wie überzeugen Sie sich, daß Sie einen Haarschnitt brauchen? Wie entscheiden Sie sich für eine bestimmte Tankstelle?

Fazit:

Erinnern Sie sich noch an unsere Frage?

Meine Antwort jetzt:

Meine persönlichen Erkenntnisse:

Wann und bei welchem Kunden wende ich das an?

Name des Kunden:

Datum:

FRAGE:

Der Käufer erkennt den Nutzen, kauft aber trotzdem nicht. Wie verhalten Sie sich?

Bitte kreuzen Sie das an, was Ihnen am meisten entspricht:

○ Ich vertage das Gespräch und gehe später noch einmal hin.

○ Ich vertage den Abschluß auf ein anderes Mal.

○ Ich biete weitere Alternativen.

Ihre Erfahrung:

____

____

____

____

Abschluß in Gefahr! Was nun?

Der Kunde hat sich alles erklären lassen, Sie erkennen an seinen verbalen und nonverbalen Äußerungen, daß er Ihnen gefolgt ist, daß die Vertrauensbeziehung besteht und sich vertieft. Sie erkennen an den Augenmustern, daß er sich mit dem Kauf innerlich schon beschäftigt, der Überzeugungsprozeß sich aber dann verlangsamt. Vielleicht kommt er zum Stillstand, und der Kunde sagt: "Ich will es mir nochmal überlegen", "Ich will meine Frau fragen", "Es ist mir doch zu teuer". Soll der Verkäufer nach einer Lösung suchen?

Der Verkäufer bedient sich in solchen Situationen häufig der "Wenn-dann-Technik" und die Zwei-Gewinner-Lösung gerät in Gefahr! Das hört sich dann zum Beispiel so an: "Wenn der Preis für Sie in Ordnung ist, würden Sie dann abschließen?", "Wenn Ihre Frau zustimmt, würden Sie dann... "

Diese Fragetechnik eignet sich nicht für Kunden, die aus Unterschieden lernen und auch nicht für diejenigen, die sich an der Notwendigkeit und nicht an der Möglichkeit orientieren! Noch gewichtiger ist allerdings die Erkenntnis, die auf Einstein zurückgeht: Ein Problem läßt sich nicht in der Denkart lösen, in der es entstanden ist! Hier geht es um einen Konflikt im Verhalten. Der Kunde möchte nicht kaufen, der Verkäufer hat darauf hingearbeitet, daß er die Probleme des Kunden löst und wünscht sich den Abschluß. Über den Abschluß nachzudenken löst aber nicht den Konflikt!

Die Grafik Abschlußverhandlungen mit Lust statt Frust zeigt, wie die Zwei-Gewinner-Lösung im Abschluß aussieht: statt auf der Verhaltensebene auf die Jagd nach dem Abschluß zu gehen nach dem Motto "Wenn Sie... hätten, würden Sie dann... kaufen?" läßt sich dieser Konflikt auf der nächsthöheren Ebene lösen. Hat der Kunde die Fähigkeit, sich hier und jetzt zu entscheiden? Hat er das Geld, sind die Bezugspersonen, die in seinem Umkreis seine Entscheidung mittragen oder gar steuern, einbezogen?

Wenn das auch geklärt ist, geht es auf die nächst höhere Entscheidungsebene, nämlich, warum kauft der Kunde überhaupt? Argumente aus der Glaubensebene betreffen das Warum und äußern sich in Werten:

Wenn der Kunde z.B. feststellt, daß er Preis und Leistung im passenden Verhältnis sieht, aber nicht zu viel Geld für sich ausgeben will, dann zeigt sich hier ein wichtiger Wert für seine Kaufentscheidung und ein Glaube: Er könnte z. B. seine Sparsamkeit bzw. den persönlichen Luxus eingrenzen. Wenn man feststellt, warum der Kunde nicht kauft, welche Überzeugung dahintersteckt, geht es darum, die Vertrauensbeziehung zu verstärken, indem man diesen Glauben nimmt und anerkennt. Zu den wichtigsten Überzeugungen stößt man allerdings nur vor, wenn man Gegenbeispiele findet. Spart der Kunde immer an sich, oder unter welchen Umständen würde er doch mehr Geld für sich ausgeben? Z. B. wenn er Freunde bewirtet, würde er für Gäste mehr Geld als für sich ausgeben, oder wenn er etwas ganz Besonderes erledigt hat, würde er mehr Geld für sich ausgeben, wenn er sich belohnen will.

Beispiel: Ein Kunde legt all sein Geld auf einem Sparbuch an. Der Finanzberater kann über die Überzeugung herausfinden, unter welchen Umständen der Kunde davon überzeugt ist, daß es gut ist, einen Teil seiner Ersparnisse in Immobilien oder Finanzanlagen anzulegen.

Kunde: "Auf der Bank, da ist es sicher, und ich habe jederzeit Zugriff." (Werte: Sicherheit und Liquidität)

Finanzberater: "Sicherheit ist bestimmt ganz wichtig, und es gibt Freiheit, wenn man über einen Teil seines Geldes stets verfügen kann." (Vertrauensbeziehung stärken durch Verstehen)

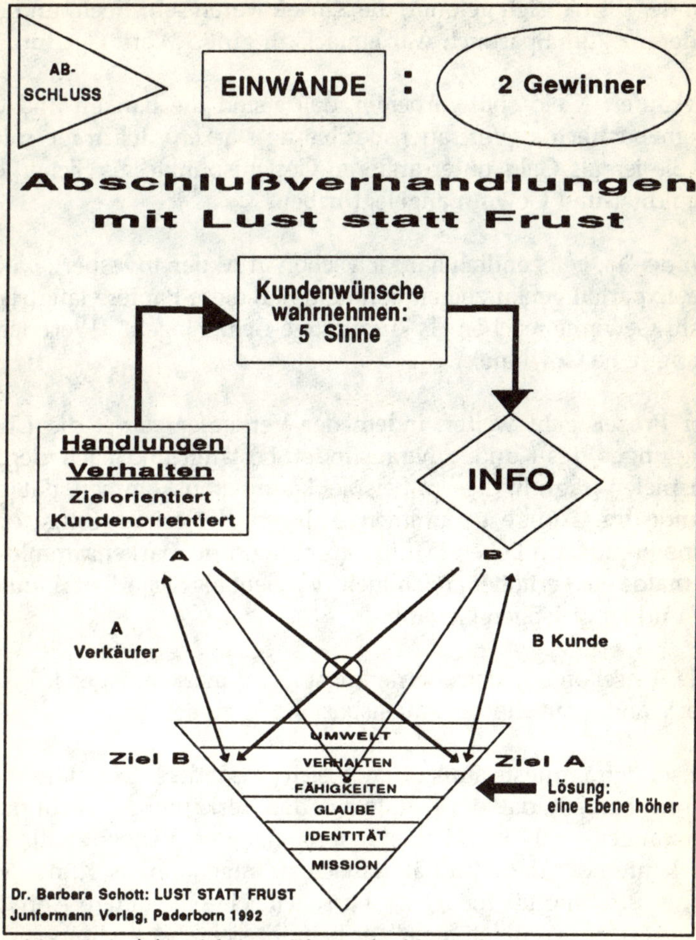

Abb. 38 Auf der richtigen Ebene abschließen!

Finanzberater: "Haben Sie jemals Geld woanders angelegt als auf dem Sparbuch?" Führen durch Gegenbeispiel: "Was war für Sie ausschlaggebend für diese Anlage?"

Kunde: "Es hat sich gelohnt, die Zinsen waren sehr hoch, und die Differenz zum Sparbuch war einfach zu groß." Wert: Gewinn.

Verkäufer: "Geld sollte arbeiten, dafür sind die Banken und die Finanzberater da (Vertrauensbeziehung stärken). Ich frage mich, ob Sie jemals Geld unter anderen Gesichtspunkte als Sicherheit, Liquidität und Gewinn angelegt haben."

Kunde: "Ja, gelegentlich habe ich schon in Aktien investiert, wobei mir Experten genau zeigen konnten, daß diese Papiere langfristig mehr Gewinne machen als kurzfristige Geldanlagen." (Wert: langfristig hohe Gewinne)

Der Prozeß geht weiter, indem der Verkäufer zuerst die Überzeugungen des Kunden herausfindet, bestätigt und nach Gegenbeispielen fragt. In diesem Beispiel kann herauskommen, daß der Kunde im Grunde genommen Anlagen, die sein Prestige oder seine Freude am Leben (Münzsammlung, Briefmarkensammlung, Gemälde etc.) erhöhen, noch mehr vorzieht als Sicherheit, Liquidität und langfristigen Gewinn.

Wie Sie schon aus dem Befragungsprozeß merken, ist es kritisch, hier ständig auf die Vertrauensbeziehung zu achten.

Diese Befragungstechnik eignet sich besonders, wenn es sich darum handelt, daß der Kunde z.B. den Verkäufer gar nicht mehr empfangen will oder keine Referenzkunden nennen will. Der Verkäufer, der den Mut hat, danach zu fragen, ob der Kunde von seiner Leistung überzeugt ist, hört vielleicht eine bittere Antwort: "Nein" oder "Weiß ich nicht", er bemüht sich aber nicht mehr um den Abschluß auf der falschen Ebene, nämlich auf der Verhaltensebene. Gerade der Verkäufer, der hauptsächlich beratende Funktion hat, wie im Pharmasektor, besitzt hier die Möglichkeit, verhärtete Fronten aufzuweichen. Welche Fähigkeit muß ein Pharmareferent nach Überzeugung des Kunden besitzen, damit sich der Kunde gut beraten fühlt? Welche Rolle bietet der Kunde dem

Pharmaberater? Will er eine Information, will er einen Goldesel, will er jemanden, der ihm lästige Arbeiten abnimmt oder einen Fußabtreter? Die Varianten sind vielfältig. Gerade wenn der Verkäufer vom Kunden nicht akzeptiert wird, ist es wichtig, dieses Akzeptanzproblem auf der Glaubens- bzw. Identitäts- oder gar Missionsebene zu suchen und auch dort zu lösen.

Jeder Verkäufer hat die Chance, durch Abtasten der Grundüberzeugungen herauszufinden, was den Kunden zutiefst zum Kauf veranlaßt!

Fazit:

Erinnern Sie sich noch an unsere Frage?

Meine Antwort jetzt:

Meine persönlichen Erkenntnisse:

Wann und bei welchem Kunden wende ich das an?

Name des Kunden:

Datum:

FRAGE:

Ihr Kunde hat abgeschlossen oder getan, was er Ihnen zugesagt hat. Was sagen Sie?

Bitte kreuzen Sie das an, was Ihnen am meisten entspricht:

- ◯ Das hat meine Erwartungen übertroffen.
- ◯ Gratuliere, ein voller Erfolg.
- ◯ Besten Dank für Ihre Hilfe.

Ihre Erfahrung:

____

____

____

____

Den Kunden bestätigen!

Loben kann man nicht genug!

Der Kunde hat unterschrieben, Ja gesagt oder sich zu etwas verpflichtet. Die meisten Verkäufer danken dem Kunden, sagen was Nettes oder lächeln freundlich! Warum ist es so wichtig, den Kunden sowohl zu bestätigen und zu loben, als auch sich gegen ihn und seine Anforderungen partnerorientiert abzugrenzen, sprich Kritik anzubringen, wo es nötig ist? Häufig ist der Verkäufer so erleichtert, daß er zu überschwenglich wird. Sie haben das toll gemacht, herzlichen Dank, das war ganz prima! Was genau der Kunde gemacht hat, bleibt unklar und damit ist die Chance, daß der Kunde weiß, was den Verkäufer freut und es wiederholen kann, vertan.

Es geht vor allen Dingen um die Beziehung: Lob und Kritik müssen beide die Verbindung zum Kunden stärken! Wann ist ein Lob echt, wann ist es Lobhudelei oder gar eine Notlüge? Wann führt es sogar zur Frage: "Was wollen Sie jetzt von mir?"

Studenten und junge Verkäufer lehnen Lob oft ab mit der Begründung: "Man wird ja nur zweckorientiert gelobt, und wenn es dann mal nicht klappt, kriegt man sofort die Peitsche!" Und sie loben niemanden und lassen sich nicht loben! Sicher ist, der Kunde muß wissen, wann er mich als Verkäufer sehr stark unterstützt, wann er gegen mich arbeitet, so daß ich eigentlich viel zu viel Energie aufwenden muß, um ihm einen Nutzen zu bieten! Gegenseitig im Verkauf energieschonend miteinander umzugehen, um die Energie in das gemeinsame Ziel zu stecken, das ist das Anliegen des Verkäufers mit Lust statt Frust!

Wie steht es nach den Erkenntnissen des Neuro-Linguistischen Programmierens mit dem Lob und mit der Kritik? Es geht darum, dem Partner anhand innerer Erfahrungen und Erlebnisse mitzuteilen, daß er den Vorstellungen des Verkäufers entspricht (Lob, sprich Bestätigung) bzw. daß er den Zielen mit seinem Verhalten widerspricht!

Lob und Kritik, kurz als Feedback oder Rückmeldung bezeichnet, gehören untrennbar zum Verkaufsgespräch: Dem Kunden einen Nutzen bieten heißt auch, daß Sie sich als Verkäufer von ihm unterstützen lassen, um das gemeinsame Ziel schneller und effizienter zu erreichen! Dazu kann der Kunde einiges beitragen und sich schnell entscheiden, oder z.B. rechtzeitig die richtigen Spezifikationen festlegen, oder Projektionen der eigenen Geschäftsziele machen, um festzustellen, ob die Leistung auch zukünftigen Planungen entspricht. Lob stärkt den Geschäftspartner, so daß er weiß, an welchen Zielen ich ihn messe, und welche Ziele wir gemeinsam in Form des gemeinsamen Kundenzieles schon erreicht haben. Um was es geht: Lob ist eine Bestätigung - ein Ziel ist erreicht, weil Sie die Stärke hatten, diesen Weg erfolgreich zu gehen! Gerade beim Lob ist es jedoch sehr wichtig, seine inneren Werte, seine inneren Vorstellungen, an denen man die Stärke des Kunden mißt, so genau zu äußern, daß der Kunde durch das Lob erfährt, wie genau er dem Verkäufer geholfen hat! So kann er es wiederholen. Genau das macht Lob und Kritik unerläßlich, gefördert wird dadurch der Durchblick in bezug auf die gemeinsam erreichten Ziele!

Lob: Ziel erreicht, Stärke vorhanden, Stärke weiterpflegen!

Die Idealform des Lobes sollte, um den Geschäftspartner zu fördern, folgende Fragen berücksichtigen:

- Ziel: was genau ist erreicht worden, abgesprochen oder unabgesprochen?

- Was bedeutet mir die Zielerreichung für die gemeinsamen Ziele? Wieso ist dieses erreichte Ziel für mich so wichtig? Welchen Gefallen hat mir der Kunde getan?

- Welche Stärke erkenne ich in der Zielerreichung, und warum ist es mir wichtig, dem Kunden das zu sagen?

Beispiel: Der Kunde hält sich genau an einen vereinbarten Termin, obwohl er durch unprognostizierbare Marktentwicklung sehr viel zu tun hat.

Das Lob, das ankommt:

1. Beobachtung: Ich habe beobachtet, wie Sie trotz des großen Arbeitsanfalls den Termin genau eingehalten haben.

2. Das hat mich sehr gefreut, weil ich dadurch das Projekt besser fördern kann und von Ihnen sofort Rückmeldung einholen kann! (Wert: Kundenwohl)

3. Damit wird mein Ziel, zügig Angebote für Sie auszuarbeiten und so Ihre Projekte zielorientiert zu fördern, sehr leicht gemacht! Ihre Zuverlässigkeit erleichtert uns die Zielerreichung! (Wert: Kundenzuverlässigkeit)

Jetzt weiß der Kunde genau, welche Stärken Sie an ihm schätzen. Erst diese Qualität des Lobes überträgt sich auf den Kunden, so daß er sich bestätigt und energievoller fühlt! Die Chance steigt, daß er sich in zukünftigen Situationen gleich verhält.

Fazit

Erinnern Sie sich noch an unsere Frage?

Meine Antwort jetzt:

Meine persönlichen Erkenntnisse:

Wann und bei welchem Kunden wende ich das an?

Name des Kunden:

Datum:

FRAGE:

Sie sind überzeugt, der Kunde wählt das Falsche, und der von Ihnen ausgewählte Kundennutzen wäre genau passend. Was sagen Sie?

Bitte kreuzen Sie das an, was Ihnen am meisten entspricht:

- ◯ Ich sage dem Kunden auf den Kopf zu, um was es geht.
- ◯ Ich demonstriere ihm, warum er anders entscheiden müßte.
- ◯ Ich stoße ihn mit der Nase drauf.

Ihre Erfahrung:

____

____

____

Kritik, die dem Kunden Spaß macht!

Eine scharfzüngige Volksweisheit sagt:

> Kein Mensch hat Lust, sich zu verändern, außer einem Baby in nassen Windeln!

Die NLP-Faustregel dazu:

> Wir reagieren in der Regel aus ungefähr 9 Teilen interner Erfahrung und ungefähr einem externer Information.

Wenn Ziele nicht erreicht sind, müssen wir Neues lernen, was in der Regel Streß macht! NLP hat ganz präzise Hilfen zum Lernen mit Lust statt Frust entwickelt.

Kritik mit Lust geht in diesen Schritten vor sich:

Schritt 1: Die eigene Gelassenheit

Vielleicht werden Sie Ihre eigene gute Stimmung in dem Maße aufbauen können, wie Sie dieses Buch lesen, und Sie wissen, erst wenn Sie innerlich gelassen sind, sind Ihre beiden Gehirnhälften voll im Einsatz. Dann lohnt sich die Besinnung auf Ziele und das Lernen an den Chancen.

Schritt 2: Das gemeinsame Ziel

Sie werden niemanden verändern außer sich selbst. Dem Chefarzt die Meinung zu sagen, bringt in der Regel Streß und Ablehnung! Es geht um Sie als Verkäufer, was wollen Sie als Partner des Chefarztes wirklich?

Fragt man z.B. Autofahrer, die in Stausituationen laut schimpfen oder den Nachbarn belästigen, nach den Gemeinsamkeiten mit ihrem Staupartner, so erntet man nur ungläubiges Staunen über diese Frage! Ohne Ziel kann man die eigenen Kräfte im lebenslangen Erziehungsprozeß seiner Umwelt verschleißen. Die wichtigste Frage heißt, welche Menschen sind so wertvoll für Sie, daß Sie Ihnen eine Lernchance bieten wollen? Eigene Zielklarheit in der bewußten und unbewußten Ebene hat durch NLP eine Struktur erhalten. Das Ziel muß meßbar und realistisch sein. Daher ist es sinnvoll, die folgenden Zielbedingungen zu überprüfen:

- Kann das Ziel vom Kunden innerlich als Bild, Wort, als Gefühl nacherlebt werden, d.h. ist es sinnesspezifisch präzise?

- Verträgt sich das Ziel mit den übrigen Zielen des Kunden? Wie läßt sich diese Unterstützung in die Planung des Kunden einordnen? In welchem Kontext soll das Ziel gelten? Was ist die Gegenleistung des Chefarztes, wann erfolgt sie etc.?

Der Pharmaberater wollte den Chefarzt gern mit Forschung und Ausbildung unterstützen.

So sagte der Pharmaberater fröhlich zu diesen Chefarzt: "Sie können auch eine Segelyacht von mir bekommen für 10 Millionen Umsatz für das Präparat X,Y und Z." Er hatte Glück, der Chefarzt ließ die Liste verschwinden. Sie redeten über die Form der Unterstützung wie Forschungsarbeiten, Kongresse und Ausbildung, die die Pharmafirma bereitstellt. Wenn der Partner auf seiner Forderung beharrt, was dann?

Wie können Sie den Kunden für ein neues Zwei-Gewinner-Ziel begeistern? Sie geben dem Kunden Kraft und Ideen zur Zielveränderung!

Schritt 3: Kritikäußerung

Fragen, ICH-Botschaften und Beispiele haben die Chance, den Kunden zu erreichen und seine Stimmung zu halten oder zu steigern. Die Bedeutung, die wir einer Information geben, hängt davon ab, wie unser "psychisches Ohr" den Klangcharakter der Stimme wahrnimmt. Das kann etwas mit der tatsächlichen Stimme zu tun haben, muß es aber nicht. Insgesamt kann das Ohr mehrere Strukturen unterscheiden, die ganz unterschiedlich auf den Energiefluß des Körpers wirken:

- Kritik, die den Kunden streßt:

  - Befehle:
    Mit der Befehlsstruktur ist eine bestimmte innere Klangstruktur verbunden. Der Forscher Tomatis entdeckte, daß alle Rückenmarksnerven mit dem Hörnev zusammenhängen und daher alle Bewegungen vom Ohr kontrolliert werden. Das Körpergefühl sitzt im Ohr, und die Verteilung von Spannung im Körper, Verkrampfung oder Schlaffheit, Muskeltonus, Motorik und Feinmotorik werden durch das innere Ohr kontrolliert und alle akustischen Reize wirken auf den Körper ein.

  - Warum-Fragen:
    Fragen nach dem *Warum* erzeugen innerlich genau das, was man nicht wahrhaben will: den Mangel. Warum-Fragen arbeiten nur an der Vergangenheit und nicht an der Zukunft!

  - Nicht, nein, nie, niemals, kein:
    Wie bekannt, sind Verneinungen für das Gehirn nicht direkt verarbeitbar. Die Aufforderung "Machen Sie diesen Fehler nicht wieder" führt zu der innerlichen Vergegenwärtigung eben dieses Feh-

lers, nicht aber des Zielzustandes. Das kostet Energie!

■ Kritikäußerungen, die positiv ankommen:

- Fragestruktur:
  Dies ist eine sehr aufbauende, aufladende Klangstruktur, die meistens auch mehr hohe Töne und eine Melodie besitzt und damit das Gehirn auflädt; "wer fragt, führt!" Am konstruktivsten wirken offene Fragen, sog. W-Fragen, z.B. "Wie können wir in Zukunft diese Frage klären?".

- Aussagestruktur:
  Ich-Botschaft: "Ich habe erhebliche Zeitverzögerungen erlebt."

- Gleichnisse:
  "Ich habe einen Mann bei der Konkurrenz beobachtet, der ..."

  Das Gleichnis ist die tiefgreifendste sprachliche Beeinflussung, weil der Kunde die Auswahl unter seinen eigenen inneren Bildern hat.

Die Anwendungen an einem Beispiel, wo der Kunde häufig den Verkäufer streßt:

- Aussage: Mein Ziel ist exzellenter Service für den Kunden... Jetzt Pause, jetzt wird der Kunde nachfragen, wenn er nicht versteht, was Sie ansprechen!

- Frage: Wie können wir gemeinsam erreichen, daß ich Ihnen diesen exzellenten Service immer bieten kann? (Pause)

- Gleichnisse: Bei der Konkurrenz habe ich beobachtet, wie die Konkurrenz besonderen Wert auf Zeitabsprache legt. (Pause)

Die wesentliche Basis ist die Fähigkeit, genau das Ziel, das nicht erreicht ist, ins Visier zu nehmen: Da der Kunde wie wir alle Kraft für Veränderungen benötigt, ist diese Kraft mitzuliefern!

Schritt 4: Die Energierakete

Jede Veränderung bedeutet Energieeinsatz. Sehr häufig hört man in Verkaufsseminaren oder liest in der Literatur, man müsse dem Kunden, den man kritisiert, zuerst etwas Positives sagen!

NLP bietet weitere Möglichkeiten: Sie können die Veränderungsenergie konkret und sinnesspezifisch mitliefern. Ich nenne diese Schubkraft die "Energierakete", denn sie macht Veränderung erst möglich! Sie geben dem Kunden eine Chance zur Eigenbalance durch einen Energieschub vorab. Das hat mit Übertreibung, mit Honig um den Bart schmieren, nichts zu tun, sondern mit der Besinnung auf höchste Werte, die das Leben lebenswert machen.

Z.B.: "Weil ich weiß..., daß Sie an guter Ausbildung interessiert sind, möchten wir Sie dabei unterstützen. Ich habe von Ihrer Forschung ... gelesen, dazu würde meine Firma gern etwas beitragen."

Schritt 5: Zielfrage: Wann und wie können wir beide dieses Ziel erreichen?

Jede Kritik endet mit einer offenen W-Frage, die keine Warum-Frage ist. In der Kurzform ist eine Zielabweichung am besten und am chancenreichsten über eine Frage ansprechbar! Z.B. Wie finanziere ich Forschungsprojekte im Bereich X...? Wie können wir Sie dort möglichst intensiv fördern?

Schritt 6: Zuhören und vereinbaren: Eigenperspektiven erweitern

Jetzt geht es darum, die Zielvorstellungen und Erfahrungen des Kunden und die eigene Perspektive zu erweitern. Das, was Sie als Verkäufer mit dem Kunden nicht erleben wollen, wird nie ausgedrückt, sondern nur das, was Sie als gemeinsames Ziel anstreben.

Ausblick

Praxisanwendung für Ihren Beruf: Was wollten Sie einem Kunden schon immer mal kritisch sagen?

- Energie: Welche Veränderung trauen Sie dem Kunden zu? Was wissen Sie über sein Veränderungspotential, wohin soll sich der Kunde entwickeln, wie werden Sie ihm dabei helfen?
- Was ist Ihr gemeinsames Ziel? Wenn Sie bereits eines festgelegt haben, was ist Ihr neues Ziel, das Sie vereinbaren wollen?
- Zielfrage: Wie ist das gemeinsame Ziel zu erreichen?

Fazit

Erinnern Sie sich noch an unsere Frage?

Meine Antwort jetzt:

____

____

____

____

Meine persönlichen Erkenntnisse:

____

____

____

____

Wann und bei welchem Kunden wende ich das an?

Name des Kunden: ______________________________

Datum:

FRAGE:

Wie beugen Sie der Kaufreue vor?

Bitte kreuzen Sie das an, was Ihnen am meisten entspricht:

- ○ Ich habe alle Einwände behandelt, dann gibt es keine Kaufreue.
- ○ Da kann man nichts dran machen, ab und zu geht eben was ins Storno.
- ○ "Bloß nicht zerreden, wenn der Kunde Ja gesagt hat, dann klappt das schon!"

Ihre Erfahrung:

____

____

____

____

Kein Abschluß ohne Abschluß

"Hätte ich doch nicht so schnell zugegriffen ... unterschrieben ... entschieden!"

Wer hat sich nicht schon geirrt und den Kauf bereut! Die so stabil aussehende Markenuhr aus der Türkei zerfällt nach dem ersten Tragen in ihre Bestandteile, die modisch schicken Schuhe hinterlassen Blasen an den Füßen, oder das so steuerbegünstigte Bauherrenmodell erforderte ständig höhere Aufwendungen. Storno- und Fluktuationsquoten drücken aus, daß die Mühe, die Probleme des Vertragspartners zu lösen, vergebens war. Nicht nur geht ein möglicher Stammkunde verloren, er erzählt auch seine Enttäuschung weiter, und zwar sehr viel häufiger als gute Kauferfahrungen:

> Negatives wird in der Regel 10 mal erzählt, Positives wird dagegen nur rund 4 mal weitergegeben!

Das Ergebnis eines Abschlusses, das den Wettbewerbsvorsprung langfristig sichert, heißt: mehr Stammkunden und Imageverbesserung durch Kundenzufriedenheit nach dem Kauf! Dazu gehört, den Kunden schon beim Abschluß ein Stück auf seinem Weg mit dem neuen Produkt zu begleiten. Oft sind Bezugspersonen anderer Meinung und machen dem Kunden den Kauf madig mit Bemerkungen wie "zu teuer", "nicht modern", "schlechte Qualität"... oder andere Ziele des Kunden sind nicht genügend berücksichtigt worden. Man kann es auch übertreiben mit der Sorge um die Kaufreue! Ich erinnere mich spontan an mehrere Situationen in meinen ersten Verkäuferjahren, in denen der Kunde durch meine Fragen, was genau für ihn das Richtige sei, verunsichert war, und seine Abschlußbereitschaft sank. In der Praxis bewährt haben sich mehrere Möglichkeiten, die Kauffreude auch für die Zukunft zu stärken und die Kaufreue zu verhindern.

Referenzkunden: "Wer in Ihrem Bekanntenkreis hat ähnliche Wünsche wie Sie und einen großen Vorteil von dieser Leistung....?" Wenn Kunde und Verkäufer gut aufeinander eingestimmt sind, wird sich der Kunde in die Situation seiner Bekannten hineinversetzen und Ihnen als Verkäufer Hinweise auf mögliche eigene Einwände geben, die er sich vielleicht gar nicht selbst eingesteht.

Alles, was ein Kunde an anderen erkennt - so NLP - ist als Bild, als Wort, als Gefühl in ihm lebendig. Einen Splitter im Auge des Nachbarn können wir häufig besser erkennen als den Balken im eigenen Auge. Gerade im Bekanntenkreis möchte sich niemand blamieren. Referenzadressen sind daher ein guter Hinweis, daß der Kunde von seinem Kauf nicht nur überzeugt ist, sondern auch mit seiner Persönlichkeit dahintersteht! Alles, was in dieser Gesprächsphase "der kommt nicht in Frage für so etwas, ... der braucht eher X, oder der ... kauft immer Y" geäußert wird, weist darauf hin, daß es Nutzenvorteile von X und Y gibt, die den Kunden beim eigenen Kauf nicht überzeugen. Diese möglichen Einwände werden geklärt, natürlich nicht bezogen auf den Kunden, sondern auf den Referenzkunden.

Bezugspersonen: Ungeklärter Streit unter Partnern und die Chance, daß der neue Kaufgegenstand mitten hineingerät und sang- und klanglos untergeht, ist groß. Beispiel: Sie meint, ihr Mann nimmt sich zu wenig Zeit für seine Kinder und zu viel für die Auswahl seines neuen Autos. Das Auto ist schuld - und zu teuer - zu laut - etc. Oft genügt, daß Partner mitentscheiden möchten, weil sie von den Anschaffungen mit betroffen sind. Der "Verrat" an der Partnerschaft - ein Konflikt auf der Identitätsebene - wird häufig nicht direkt geklärt, sondern an dem Kaufobjekt ausgelassen.

Im Immobilien-, Finanz- und Versicherungsbereich ist es üblich - schon wegen der rechtlichen Konsequenzen - den Vertrag mit beiden Partnern zu vereinbaren. Ebenso betreffen Einkaufsentscheidungen im Investitionsgütergeschäft mehr Abteilungen - Anwender, Service, Einkauf, Finanzierung - und die Experten der einzelnen Abteilungen beurteilen in einem Einkaufsgremium die Nutzenaspekte und entscheiden gemeinsam.

Auch wenn die Bezugspersonen nicht Nutznießer sind - wie z.B. der professionelle Berater in der Industrie - so entscheiden ihre Überzeugungen oft über Kauffreude oder Kaufreue. Ein gutes Beispiel bietet der Versicherungsbereich. Die Versicherungsmaterie ist schwer verständlich, und Behauptungen wie "zu teuer", "zu hoch versichert" sind nicht leicht überprüfbar. Es ist die Chance des Versicherungsverkäufers, diese Behauptungen vorab zu klären. Der Kunde begutachtet seinen Abschluß sozusagen mit einer "fremden Brille".

Der Kunde erlebt beim Abschluß Situationen mit seinen Bezugspersonen und erlebt den Nutzen aus jedem Blickwinkel. Welches Bild sieht er, was hört er innerlich, wie fühlt er sich bei diesen Vorstellungen?

Dieses "Sehen mit anderen Augen" ermöglicht dem Kunden, über seine möglichen Vorbehalte als Unbeteiligter zu sprechen, sozusagen mit den Zungen seiner Bezugspersonen.

Drei Blickwinkel sind interessant:

> Aus eigener Sicht (erste Position) erlebt der Kunde den Nutzen innerlich als Bild, als Ton / Geräusch, als Gefühl, Geruch und Geschmack, und hat ein besseres Gefühl, als wenn er jetzt nicht kauft oder nicht von diesem Verkäufer kauft. Erst dann ist der Abschluß sinnvoll.

Mit der Brille bestimmter Bezugspersonen (zweite Position) sieht, hört, fühlt der Kunde, was für und was gegen den Abschluß spricht.

Mit der Brille neutraler Dritter (dritte Position) kann der Kunde die Kaufsituation wie ein Regisseur seinen eigenen Film betrachten und innerlich erleben, welche Hilfen er und seine Bezugspersonen noch benötigen, um das Produkt zu genießen.

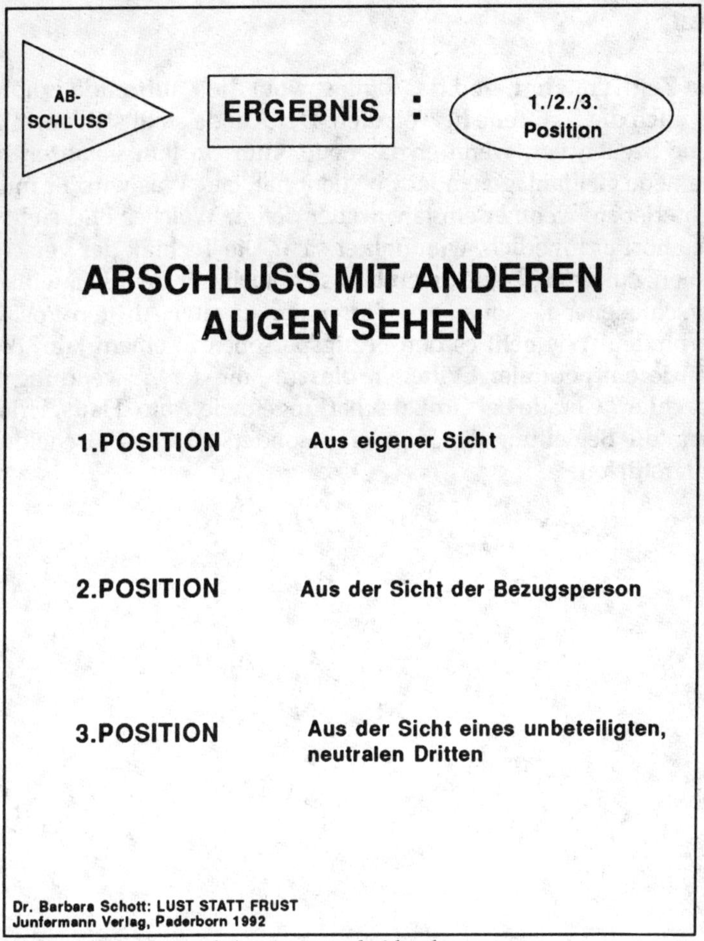

Abb. 39 Die Perspektive ist entscheidend.

Zeit

Die Zeit verändert, und das kann sowohl die Kauffreude erhöhen als auch die Kaufreue hervorrufen. Der Kunde stellt sich verschiedene Szenen vor, wenn er das neue Auto ein Jahr gefahren hat, die neue Geldanlage ein Jahr bedient hat, etc.. Was wird er innerlich erleben, wenn er ein Jahr weiter denkt? Welches Bild sieht er, was hört er innerlich, wie fühlt er sich? Die Technik der verschiedenen Zukunftsperspektiven läßt sich auch mit den Blickwinkeln verschiedener Personen aus der ersten, zweiten, dritten Position verbinden. Wie geht es den Bezugspersonen in einem Jahr? Was würde ein neutraler Dritter in diesem Jahr der Anwendung beobachten? Gerade bei Großanschaffungen wie Auto, Haus, Urlaub kann die Begleitung den Kunden besonders gut die Entscheidung unterstützen.

Fazit

Erinnern Sie sich noch an unsere Frage?

Meine Antwort jetzt:

____

____

____

____

Meine persönlichen Erkenntnisse:

____

____

____

____

Wann und bei welchem Kunden wende ich das an?

Name des Kunden: ____________________

Datum:

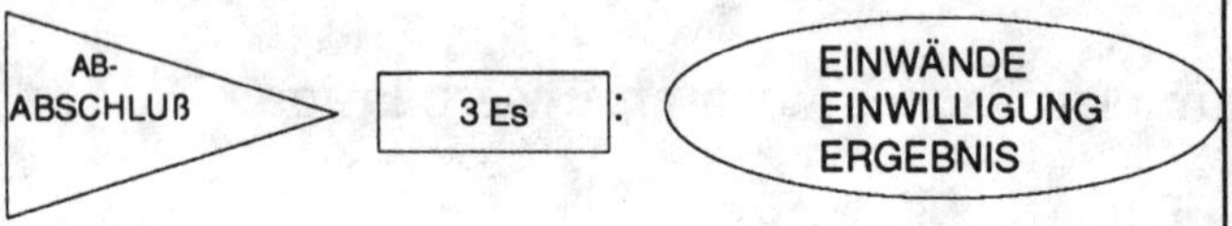

BAUSTEINE	UM WAS GEHT ES	METHODEN
EINWÄNDE	KUNDEN FÜR NUTZEN GEWINNEN	ZWEI-GEWINNER-LÖSUNG
EINWILLIGUNG	VERTRAGS-UNTER-ZEICHNUNG	ENTSCHEIDUNG ÜBERZEUGUNG GLAUBE
ERGEBNIS	ENTSCHEIDUNG IN DER ZU-KUNFT SICHERN	LOB KRITIK PERSPEKTIVEN

Dr. Barbara Schott: LUST STATT FRUST
Junfermann Verlag, Paderborn 1992

***Abb. 40** Zusammengefaßt: Die 3 Es*

Ausblick

Ist diese Welt zu heil, in der Verkäufer aus der Perspektive des zufriedenen Stammkunden handeln und sich selbst als Problemlöser und Helfer des Kunden verstehen? Was ist mit den Produkten der "verbrannten Erde", beispielsweise Lebensversicherungen, um die sich 25 Jahre keiner kümmert, weil die Beiträge vom Kundenkonto abgebucht werden und sich auch noch automatisch erhöhen? Wie steht es mit dem Kolonnengeschäft - ein Bus mit sogenannten Verkäufern "fällt" über einen Stadtteil her und "beschwatzt" die Kunden: Das einzige Erfolgskriterium ist der Verkauf, der Abschluß, die Unterschrift!

Solange es Einmalgeschäfte gibt, werden die Verkäufer zwar auf die Stornogefahr achten, die Zwei-Gewinner-Perspektive führt hier nicht zum größten Erfolg, weil man den Kunden ja nicht wiedersieht. Getäuschte Kunden werden zwar ihr Pech sehr häufig weitererzählen, ihr Recht nur in den seltensten Fällen einklagen, sie schweigen und sind die Verlierer! Zum Glück hat sich gerade die Rechtsprechung bei Geschäften an der Tür sehr zugunsten der Verbraucher gewandelt! Und eine weitere Wandlung ist zu beobachten: Auch Firmen mit Einmalgeschäft entdecken, daß der Kunde, der einen Vertrag einhält, meistens auch Bedarf für weitere Produkte der Firma hat, und seine Nachkäufe auch bezahlen kann! Die Verkaufsstrategie "Hauptsache Unterschrift" wird von immer mehr Firmen abgelegt, weil Stammkunden und Rundumeindeckung lohnender sind.

Wer jemanden, sei es als Verkäufer, als Unternehmer, als Börsenmakler, betrügen will, kann das mit NLP noch effektiver! NLP wurde entwickelt mit dem Ziel, menschliches Denken und Handeln, also auch das von Spitzenkönnern und Genies, präzise zu erkennen und zu trainieren. NLP ist eine Methode, und der Anwender ist für die Ethik des NLP-Einsatzes verantwortlich. Kürzlich beschrieb eine Tageszeitung unter der Überschrift: "Die 8 weltbesten Gauner - unter 34 Millionen fängt keiner an", wie Makler, Banker und Finanzberater Konten plündern, Bilanzen frisieren und Kunden hinters Licht führen, und Millionenvermögen erschwindeln! Mit NLP lassen sich diese sogenannten Hochleistungskriminellen ebenso durchschauen und kopieren, wie Genies vom Schlage eines Einstein, Mozart oder Walt Disney. Die Auswahl der Anwendungen liegt bei uns, NLP macht Genialität trainierbar auf jedem Gebiet. Mir und vielen anderen, vor allem auch Verkäufern in schwierigen Branchen, wie z.B. der Versicherung, hat NLP ermöglicht, mit mehr Spaß Herausforderungen im Verkauf zu erleben und zu bewältigen. Vielleicht wird Ihnen der Text eines Volksliedes einen neuen Weg des Verkaufs aufzeigen:

"Freude am Leben heißt Freude sich geben. Wer Freude verschenkt, ist in Wirklichkeit reich."

Ich freue mich auf Ihre Erkenntnisse und Ihre Anregungen. Die Spezialität meines Expertenteams mit NLP-trainierten Praktikern liegt:

- in der Beratung und in Neudesigns Ihres Trainingsangebots mit NLP-Erkenntnissen,
- in der Ausbildung Ihrer Trainer mit den passenden NLP-Bausteinen.

Prof. Dr. Barbara Schott

NLP-Praxis Prof. Dr. Barbara Schott
Fürther Str. 22
90429 Nürnberg

Telefon 09 11 / 26 25 75
Fax 09 11 / 26 34 73

Literatur

Andreas, Connirae & Steve: Gewußt wie. Arbeiten mit Submodalitäten und weitere NLP-Interventionen nach Maß, Junfermann Verlag, Paderborn, 1988

Bachmann, Winfried: Das Neue Lernen, Junfermann Verlag, Paderborn, 1991

Bagley, Dan S. & Reese, Edward J.: Beyond Selling, Meta Publications, Cupertino, 1987

Bandler, Richard: „Bitte verändern Sie sich... jetzt!" Transkripte kurz-therapeutischer NLP-Sitzungen, Junfermann Verlag, Paderborn, 1991

Bandler, Richard: Veränderung des subjektiven Erlebens. Fortgeschrittene Methoden des NLP, 3. A., Junfermann Verlag, Paderborn, 1989

Bandler, Richard & McDonald, Will: Der feine Unterschied. NLP-Übungsbuch zu den Submodalitäten, Junfermann Verlag, Paderborn, 1990

Bandler, Richard & Grinder, John: Reframing. Ein ökologischer Ansatz in der Psychotherapie (NLP), 3. A., Junfermann Verlag, Paderborn, 1988

Bandler, Richard & Grinder, John: Metasprache und Psychotherapie. Struktur der Magie I, 4. A., Junfermann Verlag, Paderborn, 1988

Bandler, Richard & Grinder, John: Kommunikation und Veränderung; Struktur der Magie II, 5. A., Junfermann Verlag, Paderborn, 1989

Besser-Siegmund, Cora & Siegmund, Harry: Coach Yourself, Econ-Verlag GmbH, Düsseldorf und Wien, 1991

Bierach, Alfred J.: NLP - die letzten Geheimnisse der Starverkäufer, verlag moderne industrie AG & Co, Landsberg/Lech, 1989

Bierbaum, Georg; Marwitz, Klaus; May, Horst: Happy Selling. Der geniale Verkäufer, Junfermann Verlag, Paderborn, 1990

Birkenbihl, Vera; Blickhan, Claus; Ulsamer, Bertold: NLP. Einstieg in die Neuro-Linguistische Programmierung, Gabal, Speyer, 1987

Blickhan, Claus und Daniela: Denken, Fühlen, Leben: Vom bewußten Wahrnehmen zum kreativen Handeln, mvg, 1995

Brinkmann, Manuela: Unterwegs zur Vollkommenheit: Rolfing und NLP - Körper und Geist. Eine Ganzheit kommt sich näher. Junfermann Verlag, Paderborn, 1989

Cameron-Bandler, Leslie: Wieder zusammenfinden. NLP - neue Wege der Paartherapie, 4. A., Junfermann Verlag, Paderborn, 1989

Cameron-Bandler, Leslie; Lebeau, M.: Die Intelligenz der Gefühle. Grundlagen der "Imperative Self"-Therapie I, Junfermann Verlag, Paderborn, 1989

Dilts, Robert; Bandler, Richard; Grinder, John; u. a. : Strukturen subjektiver Erfahrung. Ihre Erforschung und Veränderung durch NLP, 3. A., Junfermann Verlag, Paderborn, 1989

James, Tad; Woodsmall, Wyatt: TIME LINE. NLP-Konzepte zur Struktur der Persönlichkeit. Junfermann Verlag, Paderborn, 1991

Ornstein, Robert: Multimind - ein neues Modell des menschlichen Geistes. Ergebnisse der Humanwissenschaften für Erziehung, Therapie und Management, Junfermann Verlag, Paderborn, 1989

Satir, Virginia: Kommunikation, Selbstwert, Kongruenz. Konzepte und Perspektiven familientherapeutischer Praxis, Junfermann Verlag, Paderborn, 1990

Schott, Barbara & Zickendraht, Veronika: Erfolg mit Stil. Perfektes Auftreten im Business, mvg-verlag, München/Landsberg am Lech 1992

Stahl, Thies: Triffst du 'nen Frosch unterwegs.... NLP für die Praxis, herausgegeben und bearbeitet von Isolde Kirchner und Josef Weiß, 2. A., Junfermann Verlag, Paderborn, 1989

Tomatis, Alfred A.: Der Klang des Lebens, Rowohlt Verlag, Reinbek bei Hamburg, 1987

Topping, Wayne W.: Stress Release, Verlag für angewandte Kinesiologie, Freiburg im Breisgau, 1988

Weiß, Josef: Selbst-Coaching. Persönliche Power und Kompetenz gewinnen, Junfermann Verlag, Paderborn, 1989